每天一个益智思维游戏

亚娟 ◎ 编著

中国纺织出版社有限公司

内 容 提 要

体育锻炼能让人身体强健，而头脑训练能让人思维敏捷、获得智慧。正如著名科学家霍金所说：有一个聪明的大脑，你就会比别人更接近成功。拥有活跃的思维是你快速走向成功的关键因素，而智力思维游戏无疑是提高智力的绝佳方式。

本书是一本激发人类大脑潜能的全脑思维游戏书，精选了各种不同类型的思维游戏题目，让你的头脑能够得到充分锻炼，在你无论是学习还是工作累了的时候，不妨用它来给大脑换个环境，激活思维。每天一道题，就能让你的大脑得到充分锻炼，体会思考带来的快乐。

图书在版编目（CIP）数据

每天一个益智思维游戏 / 亚娟编著. -- 北京：中国纺织出版社有限公司，2023.9
ISBN 978-7-5180-9412-7

Ⅰ. ①每… Ⅱ. ①亚… Ⅲ. ①智力游戏 Ⅳ. ①G898.2

中国版本图书馆CIP数据核字（2022）第043449号

责任编辑：闫　星　　责任校对：高　涵　　责任印制：储志伟

中国纺织出版社有限公司出版发行
地址：北京市朝阳区百子湾东里A407号楼　邮政编码：100124
销售电话：010—67004422　传真：010—87155801
http://www.c-textilep.com
中国纺织出版社天猫旗舰店
官方微博 http://weibo.com/2119887771
三河市延风印装有限公司印刷　各地新华书店经销
2023年9月第1版第1次印刷
开本：710×1000　1/16　印张：12
字数：145千字　定价：49.80元

凡购本书，如有缺页、倒页、脱页，由本社图书营销中心调换

前言

所有人都想成为聪明的人，因为智慧在人的成功过程中起着举足轻重的作用，人类能够改造世界，靠的就是先进的思维方式。现代社会中的人，无论从事什么职业，处于什么岗位，面对什么问题，要达成什么样的目标，活跃的思维都是你走向成功的关键因素。然而，智慧的获得并不是一件简单的事，是需要通过训练的。

有人说，如果没有上天给予的天才智商，要想变得聪明，秘诀只有三个字——多动脑！这就好像体育运动能让我们强身健体一样，我们每天要多动脑，让大脑得到锻炼，才能越变越聪明。国外一项调查表明，在哈佛、剑桥等名校的高材生中，90%的人都在小时候自觉或者不自觉地接受过思维训练。许多人并不是生来就是天才，而是从小就勤于动脑，才成为聪明的人。

的确，人的大脑蕴藏着无尽的宝藏，只不过大部分人的头脑没有被充分挖掘和利用，那么应如何开发智力？脑科专家建议，智力思维游戏是一种可以"使思维流动的活动"，它是提高智力水平的重要方法之一，在训练活动中，人们不仅能充分挖掘大脑潜能、开启智慧大门，还能让人感到愉快。

那么现在，你是否希望拥有一套思维游戏训练的专业书籍呢？

这套书就是专门为每一个想要变得更聪明的人们编写的。本书蕴含了各种各样好玩的思维游戏、探案游戏、谚语和歇后语、脑筋急转弯……当你感到疲乏的时候，给你的大脑注入一点鲜活的血液，也可以在闲暇时翻开它，思考一定能给你带来更充实的快乐。你还可以和周围的朋友、同学一起探讨其中某些有意思的部分。当然，选几道难题考考小伙伴，把他们通通难倒也是个不错的主意……总之，每天做做智力思维游戏，能让你的头脑保持适度运动，坚持一段时间你会发现，自己的大脑越来越好用，越来越聪明。那么现在，你还在等什么？快让你的大脑运动起来吧！

编著者

2022年3月

目录

第一章 探案推理

1. 逃跑的嫌疑人 / 003
2. 自杀的大毒枭 / 004
3. 被射杀的运动员 / 005
4. 身材矮小的凶手 / 007
5. 神秘的凶器 / 008
6. 真正的杀人凶手 / 009
7. 察心钵让罪犯浮出水面 / 010
8. 偷画册的贼 / 011
9. 燃烧的雪茄 / 012
10. 被声音破坏的完美杀人计划 / 013
11. 融化的巧克力 / 015
12. 茅草屋檐下的冰柱 / 016
13. 被冰封的真相 / 017
14. 被睡衣出卖的杀人凶手 / 018
15. 真正的盗贼 / 019
16. 机智的大律师 / 020
17. 粉刷匠与杀人凶手 / 022
18. 刚泡的茶叶 / 023
19. 纵火的画家 / 024
20. 金笔与凶手 / 025
21. 土匪头目 / 027
22. 偷首饰的贼与小狗 / 028
23. 文艺窃贼落网记 / 029
24. 隐形的窃贼 / 030
25. 机箱盖上的猫爪印 / 031

第二章 脑筋急转弯

26. 有一种门永远也关不上 / 035
27. 整天咬牙切齿的东西 / 035
28. 如何让一张白纸在水上漂的时间变长 / 036
29. 干活先脱帽的东西 / 037
30. 每天背着房子的动物 / 038
31. 被栓住的老虎 / 038
32. 第几名 / 039
33. 怎么给大熊猫拍出彩色照片 / 040
34. 犯人最喜欢的死法 / 040
35. 太平洋的中间 / 041
36. 双黄蛋 / 041
37. 能够移动的山和海 / 042

38.最喜欢添油加醋的人 / 043

39.不敢拿出来的鸭蛋 / 044

40.过桥的毛毛虫 / 044

41.什么船不用下水 / 045

42.最快的比赛方式 / 046

43.梅（没）花 / 046

44.关于水果的谜语 / 047

45.关于海鲜的谜语 / 048

46.光头叔叔 / 048

47.没有午餐吃的人是谁 / 049

48.只关两周的犯人 / 050

49.奇怪的裙子 / 051

50.比你先到家 / 051

51.长出了翅膀 / 052

52.不吃饭却健康成长的弟弟 / 053

53.猫和老鼠 / 053

54.拥有七条命的人 / 054

55.蚯蚓死了 / 055

第三章　科学游戏

56.空杯子先凉了 / 059

57.水火并存 / 060

58.水沸腾的温度 / 061

59.煮不开的水 / 063

60.小勺子一点儿也不甜 / 064

61.可以看见的声音 / 066

62.真空中的铃铛一声不响 / 067

63.小喇叭 / 069

64.人体可以当电池 / 071

65.用柠檬做成电池 / 072

66.跳动的小球 / 073

67.小小降落伞 / 075

68.摔不死的蚂蚁 / 076

69.不漏水的塑料袋 / 077

70.丝绸上的油渍 / 079

71.杂乱无章的烛烟 / 080

72.纸杯也能烧水 / 081

73.火焰中的糖 / 083

74.菠萝可以分解蛋白质 / 084

75.无土培植植物 / 086

76.让香蕉自己剥皮 / 087

77.一口气的力量 / 088

78.一支土豆枪 / 089

79.自己回来的飞镖 / 090

80.不停转动的小船 / 092

81.吹肥皂泡比赛 / 093

82.纱布是可以防水的 / 094

83.水可以渗透到鸡蛋里 / 095

第四章　民俗谚语

84.刀不磨要生锈，水不流要发臭 / 099
85.学习如逆水行舟，不进则退 / 100
86.人不可貌相，海水不可斗量 / 100
87.人心隔肚皮，看人看行为 / 101
88.疾风知劲草，烈火见真金 / 102
89.千里送鹅毛，礼轻情意重 / 103
90.礼尚往来，来而不往非礼也 / 104
91.远亲不如近邻，近邻不如对门 / 105
92.不当家不知柴米贵，

　　不养儿不知父母恩 / 106
93.慈母手中线，游子身上衣 / 106
94.浇树浇根，交友交心 / 107
95.兄弟同心，其利断金 / 108
96.三个臭皮匠，顶个诸葛亮 / 109

97.人心齐，泰山移 / 110
98.一个篱笆三个桩，一个好汉三个帮 / 111
99.暴饮暴食会生病，定时定量可安宁 / 112
100.每餐留一口，活到九十九 / 113
101.吃得慌，咽得忙，伤了胃口害了肠 / 114
102.吃米带点糠，营养又健康 / 116
103.冬吃萝卜夏吃姜，不用医生开药方 / 117
104.早喝盐汤如参汤，晚喝盐汤如砒霜 / 118
105.饮了空腹茶，疾病身上爬 / 119
106.夏天一碗绿豆汤，解毒去暑赛仙方 / 120
107.人有童心，一世年轻 / 121
108.有泪尽情流，疾病自然愈 / 122
109.一日三笑，人生难老 / 124

第五章　歇后语

110.蛤蟆吃萤火虫——肚里明 / 127
111.蜻蜓飞进蜘蛛网——有翅难飞 / 128
112.大吊车吊蚂蚁——轻而易举 / 129
113.小葱拌豆腐——一清（青）二白 / 129
114.莲花并蒂开——恰好一对 / 130
115.万丈悬崖上的鲜花

　　——没人睬（采）/ 131
116.盛开的木棉花——红火 / 131
117.玻璃上放花盆——明摆着 / 132
118.财神爷敲门——天大的好事 / 133
119.包子咧嘴——美出馅了 / 133

120.打掉牙往肚里吞——忍气吞声 / 134
121.哑巴吃黄连——有苦说不出 / 135
122.死面蒸馒头——一个眼儿也没有 / 135
123.外甥打灯笼——照舅（旧）/ 136
124.火烧芭蕉——心不死 / 137
125.张飞穿针，大眼对小眼 / 138
126.十五个吊桶打水——七上八下 / 139
127.拳不离手，曲不离口——练出来的 / 140
128.要饭的借算盘——穷有穷打算 / 140
129.雨后的太阳——够热晴（情）/ 141
130.铁打的公鸡——一毛不拔 / 141

131.茶壶里下元宵——只进不出 / 142

132.大衣柜不安拉手——抠门儿 / 143

133.踩着石头过河——脚踏实（石）地 / 144

134.隔山买牛——不知黑白 / 144

135.老艄公撑船——看风使舵 / 145

第六章　成语接龙

136.一毛不拔 / 149

137.班门弄斧 / 151

138.胸有成竹 / 152

139.三顾茅庐 / 154

140.食言而肥 / 156

141.一鸣惊人 / 158

142.大器晚成 / 160

143.才高八斗 / 161

144.五子登科 / 163

145.愚公移山 / 165

146.程门立雪 / 167

147.乐不思蜀 / 169

148.南柯一梦 / 171

149.晨钟暮鼓 / 173

150.后生可畏 / 175

151.道听途说 / 176

152.三令五申 / 178

153.防微杜渐 / 180

154.河清海晏 / 182

参考文献 / 184

第一章 探案推理

1. 逃跑的嫌疑人

傍晚时分，警长在街道上巡逻时接到了报警的电话，说在距离他一个街区的便利店里发生了抢劫。他赶紧赶去便利店查看情况，就在他赶到的时候，有两个年轻人从便利店里跑出来，其中一个年轻人骑着自行车狂奔而去，而另外一个年轻人则跑到旁边的道路上飞奔走了。警长来并没有去追赶这两个嫌疑人，而是赶紧进入便利店里检查人员的伤亡情况。幸运的是，并没有人死亡，只是有店员受伤了。在确定没有凶杀案之后，警长马上去追捕刚才看到的两个可疑人员，并且很顺利地找到了他们。

徒步跑走的嫌疑人说："我是一个销售人员，因为一直以来都需要四处奔波，所以总是在全国各地跑来跑去。"警长经过搜查发现，这个销售员很奇怪，因为他带着两块手表，一块手表是当地的时间，而另一块手表则显示的是完全不同的时间。警长询问嫌疑人："你为何要戴着两块手表？"嫌疑人回答："当地的时间是为了便于出差，而另外一个时间则是我们家所在地的时间，这样我就可以知道我儿子在相应的时间里正在做什么，也可以在他醒来玩耍的时候给他打电话。"听起来，这个理由很正当。

骑着自行车逃跑的嫌疑人更加奇怪，因为警长在他随身包里搜查出来很多东西，有常用的药品、卫生纸、手机充电器等。警长询问他带着这些东西有什么用。年轻人回答："我想骑着自行车进行环球旅行的，所以我带这些工具可以在旅行途中应急。"警长听出这个年轻人的确不是本地口音，但是又觉得哪里有些奇怪，他认真地研究着年轻人的东西，发现年轻人是在撒谎，警长当即命令助手抓捕年轻人，并认定他就是抢劫便利店的劫匪。那么，警长凭什么做出这样的判断呢？

年轻人的背包里有很多东西，但是却唯独没有打气筒和补胎的工具。如果他真的是在骑着自行车环游世界，那么怎么可能缺少这两样东西呢？由此可见，这个年轻人是在说谎，目的就是掩饰自己犯罪的事实。

2.自杀的大毒枭

作为警长，几乎每天都会被各种各样的报警电话惊醒，这一天，警长接到报警电话之后却感到很高兴，因为报警人告诉他，大毒枭被杀死在家里，而且很有可能是自杀。警长在高兴之余不由得感到非常纳闷，因为他想不明白大毒枭为什么要自杀。

到达犯罪现场之后，警长查看了大毒枭的死亡状况，发现大毒枭直挺挺地倒在地上，而且他在自己的嘴巴里开了一枪，所以他的整个脑袋看起来惨不忍睹，很难辨认出本来面貌。然而，警长无论如何也不相信大毒枭会自杀。大毒枭也许会杀人如麻，根本不在乎别人的生命，但是一定非常珍惜自己的生命。警长拿着从现场搜集来的证据，回到警察局进行案情梳理。他首先怀疑这起凶杀案是犯罪者之间进行黑吃黑导致的，也可能是大毒枭的仇人做的。但是，不管是谁杀害大毒枭，大毒枭都不应该张大嘴巴，让别人把手枪放到他的口中。到底是谁有这样的能力，能够让大毒枭心甘情愿地张大嘴巴，接受这被爆头的一枪呢？警长百思不得其解。

在对大毒枭进行调查的过程中，警长发现大毒枭虽然一直在制毒、贩卖毒品，但是他自己从来不沾染毒品。警长觉得这个毒枭还挺奇怪的，因而他决定去拜访大毒枭的朋友、情人，从而更了解大毒枭。在酒吧里调查的时候，警长听到一个服务生说，大毒枭很喜欢吃巧克力，警长不由得产生了一种奇怪的感觉。他第一时间去拜访了大毒枭的牙科医生，因为如果大毒枭非常喜欢吃巧克力，那么他的牙齿肯定不好。牙科医生果然对警长说："那个家伙有很多蛀牙，几乎每隔一段时间都要来我这里看牙。但是我跟他并不熟。"警长很快就锁定了牙医是真正的凶手，这是为什么呢？

一个人只有在看牙的时候才会尽量张大嘴巴，而且他对于自己的牙科医生也并不会感到非常戒备。大毒枭一直以来都在与牙医进行毒品生意，而且借口找牙医看牙来进行交易，所以才不会引人注意。正是因为他们的合作出现了问题，牙医才会借着看牙的机会彻底杀死大毒枭。

3.被射杀的运动员

一个著名的公寓里住着很多鼎鼎有名的人物，诸如运动员拉夫就住在这座公寓里。拉夫在运动方面很有天赋，在赛场上赢得了很多的荣誉。即便有了伟大的成就，他也没有放松对自己的要求。每天清晨，他都坚持锻炼，即使是周末的早晨，他也会早早地起床，进行体能训练。

拉夫家有一个超大的阳台，光照充足，空气新鲜，他每天清晨都站在阳台上进行各种各样的运动，有的时候还会坚持倒立一段时间。在拉夫阳台对面的一户人家里，住着一家三口。这个小男孩非常崇拜拉夫，每当拉夫在阳台进行锻炼的时候，小男孩就会隔着远远的距离给拉夫叫好。这天早晨，小男孩看到拉夫和往常一样在进行锻炼，他也忍不住在家里模仿拉夫的样子进行训练。然而，就在他认真观察拉夫如何做动作的时候，突然一声枪响，拉夫倒在阳台上。小男孩吓得惊声尖叫，喊道："爸爸，拉夫死啦，拉夫死啦！"小男孩的爸爸第一时间报告了警长，警长赶到现场之后，对拉夫的尸体进行了认真细致的检查后，发现拉夫是被射杀的。子弹从拉夫的后背射进去，从他的小腹穿出来，所以弹头镶嵌在阳台的地面上。看起来，这是一个很连贯且完整的死亡证据链，而且与死者的伤口也是非常吻合的。警长把弹头从阳台地面上取出来，发现这是射击比赛专用枪支射出来的子弹。在对整栋公寓的人联系调查之后，警长发现就在对面公寓的二楼住着一个运动员，而且这个运动员是专门练习射击的，号称神枪手。如果他想从自家射中拉夫是很容易的，为此，警长马上把嫌疑的目光锁定在这个神枪手身上。神枪手非常气愤，质问警长："警官，你有什么理由怀疑我呢？这颗子弹是从拉夫的后背射进去的，且从拉夫的腹部射穿出来，显而易见，凶手是在拉夫的后背从上到下进行射击的，但是我的房间是在拉夫房间的下方，所以我根本不可能做到以这样的角度射杀拉夫。"

一开始，警长觉得这位神枪手的辩解很有道理，一时之间找不到反驳他的理由。警长在对邻居进行调查之后，发现神枪手在案发前后的确没有出过门，所以不太可能从其他的地方对拉夫进行射杀。但是除了神枪手之外，还有谁有能力从这么远的距离之外击中拉夫呢？警长思来想去，确定了这个神枪手就是杀死拉夫的凶手，警长为何如此断言呢？

拉夫在运动的时候会做各种动作，当他在做倒立动作的时候，他的身体就正好处于相反的方向，而这个时候，住在二楼的神枪手对拉夫进行射击，子弹正好是呈现出从上到下射击的样子，而实际上是神枪手从下到上射击了倒立的拉夫。

4.身材矮小的凶手

一位年轻的富商住在远离市区的别墅里,这幢别墅环境清幽,是个生活的好地方。富商除了在平日里会去市区里处理工作之外,大多数时间都住在别墅,很少离开。有一天,富商被发现死在别墅里。仆人火速向警察局报案,警察第一时间赶到了现场,看到死者的死状很凄惨,斜着躺在沙发上,胸口插着刀,浑身都被鲜血浸染,地上还有几个烟头。经过法医鉴定,富商已经死亡好几个小时,凶手早就不在现场。警察经调查得知这个富商并不抽烟,那么烟头是从哪儿来的呢?显而易见,是凶手遗落在现场的。在对着客厅的窗户外面,有一棵树非常矮小,并不能把客厅的窗户严严实实地遮挡起来。警察想到:也许有邻居正巧经过,能够透过窗户看到什么。

警察第一时间就对周围的邻居进行了调查,有一个邻居在案发时正巧经过现场。邻居告诉警长他路过现场的时候,无意间透过窗户向房子里看去,只看到屋子里有一些烟雾,好像有人在抽烟,但是因为隔的距离比较远,所以他并没有看清楚凶手的真面目。警察经过调查发现,在凶杀案发生前后,有两个嫌疑人曾经进入这幢别墅里。其中一个嫌疑人身材很矮小,另外一个嫌疑人身材很高大。警察经过判断,很快就确定了身材矮小的嫌疑人就是真正的凶手。警察为何如此判断呢?

身材矮小的嫌疑人才会被窗户外面低矮的树挡住,无法看到脸部。如果是身材高大的嫌疑人,他的头会超过小树的高度,这样一来,当时路过的邻居就能够看到他的长相了。

5.神秘的凶器

小镇上新开了一家浴室，这家浴室是土耳其风格的，所以很多喜欢土耳其浴的人都会光顾。自从浴室开业，有三个人就成了浴室的常客，每到周六的中午，他们都会不约而同地来到浴室里泡澡，享受休闲惬意的时光。

第一个人名叫提姆，他很喜欢听音乐，哪怕是来浴室的时候，也会把随身听放在防水袋里，插上耳机，一边听音乐，一边泡澡。第二个人是银行的职员，名字叫杰斯。杰斯看起来很会享受，他每次来的时候都会在保温杯里装满冰镇的饮料，一边泡澡，一边喝着冷冰冰的饮料，舒服极了。第三个人是一位非常有经验的律师，他看起来学识渊博，每次来洗澡的时候都不忘带着一本书，在洗澡的间隙里或者是休息、搓澡的时候，他都会看一会儿书，不得不说，他简直爱书如狂。

又一个周六的中午，浴室里的服务生走入雾气蒸腾的浴室，想要询问客人是否需要搓背。却发现大律师死在了浴室里，他的胸口有一道很深的伤口，鲜血汩汩而出，却没有凶器。服务生第一时间报警，警察赶到现场之后，马上对现场进行了严密的搜查，但是他们即使把浴室翻了个底朝天，也没有找到任何行凶的凶器。在当时，浴室里只有这三位常来的客人在洗澡，那么到底是谁杀死了大名鼎鼎的律师呢？

银行家杀死了律师，他在保温杯里带来了一把冰刀，用冰刀刺死了律师。律师身体有一定的温度，浴室里的温度也非常高，所以冰刀很快就融化了，不见踪迹，凶器自然也就消失得无影无踪。

6.真正的杀人凶手

在美国一个偏僻的小镇,最近一个月的时间里居然发生了六起连环凶杀案,被害人的死法完全相同,都是被人杀死,又被分解了尸体,然后把尸体装到黑色的塑料袋中,运送到垃圾场。警方除了发现尸体之外,没有找到任何的蛛丝马迹,作为警长的皮格斯因为这几起案子焦头烂额,甚至夜不能寐。

今天清晨,彻夜不眠的皮格斯在床上辗转反侧,无论如何也不能够入睡,他索性穿上衣服来到家附近的小公园里,想在那里静静地思考案情,寻找一些灵感。他坐在公园的长凳上,公园正对着一个街道。清晨的街道非常冷清,没有什么人路过,只有清洁工在进行清扫工作。在这个时间里,大多数人都沉浸在香甜的梦乡中。到底是什么掩饰了犯罪的事实,让六起案件都毫无头绪呢?皮格斯苦苦思考着。

看着清洁工忙碌的身影,皮格斯脑中突然灵光一闪:这六起凶杀案的尸体都是在垃圾场里被发现的,作为拾荒者,只要天一亮,就会起来翻垃圾箱,寻找自己想要的各种垃圾。那么,为何拾荒者没有在第一时间发现死者的尸体呢?就在皮格斯陷入思考中的时候,一辆垃圾车疾驰而来,把垃圾桶里的垃圾都收集起来。在清理完这些垃圾桶里的垃圾之后,垃圾车马上开往下一个垃圾点。皮格斯脑中灵光一闪,他没有回家,而是直接去了警察局,因为他要去警察局里设下一个大局,抓住真正的杀人凶手。那么,你知道真的杀人凶手是谁吗?

真正的杀人凶手就是清洁工,因为清洁工有工作的便利,可以把尸体抛到垃圾桶里,而且他们知道垃圾车何时会来收集垃圾,所以他们

扔出去的垃圾第一时间就会被垃圾车运送到垃圾场，而不会被拾荒者发现。这样一来，凶手就掩饰了自己的抛尸地点，给警察破案带来了很大的障碍。

7.察心钵让罪犯浮出水面

作为明代大名鼎鼎的才子，祝枝山不但才华横溢，而且聪明绝顶。祝枝山有一颗夜明珠，这颗夜明珠又大又亮，价值连城。有一天傍晚，祝枝山的夜明珠不翼而飞。要知道，祝枝山对于这颗夜明珠非常重视，看守严密，因此外人是没有办法靠近夜明珠的。祝枝山很清楚，夜明珠一定是被家里人偷走的，他决定使用计谋，逼着偷走夜明珠的人主动现身。

祝枝山把全家人和所有的仆人都召集到祠堂，对大家说："我的夜明珠丢了，我很清楚，偷走夜明珠的人就在你们之间。我决定用另一个杀手锏来试探你们，找到真正的杀手锏。这就是我的传家宝——察心钵。这个钵能观察人心，知道每个人的心里在想什么。心怀坦荡的人摸这个钵，只会感到清凉温润，而做了亏心事的人，一旦摸了这个钵，手马上就会被粘住，无法拿下来，而且会内心惊慌，忍不住大叫。"说完这番话，祝枝山就让每个人都走上前去，触摸这个钵。钵在暗处，通体漆黑，不过并没有人大叫。所有人都摸了钵，祝枝山这个时候命令下人点燃火把，屋子里变得灯火通明。祝枝山检查每个人的手，发现大家手上都黑漆漆的，只有一个人的手掌非常干净。祝枝山马上让下人把这个人抓起来，说："他就是偷走夜明珠的贼。"祝枝山为何断言手掌干净的人就是贼呢？

祝枝山拿出来的只是一个普通的钵，并不是所谓的"察心钵"。他

> 之所以这么说，就是为了让偷东西的人害怕，不敢触摸钵。其实，祝枝山之所以把钵摆放在暗处，就是因为他提前在钵上涂抹了煤灰，这样一来，一个人就算是很轻地触摸钵，也会沾染满手的煤灰。真正的贼做贼心虚，根本不敢触碰这个"神奇"的钵，没想到最终反而为此暴露了自己，被祝枝山识破。

8.偷画册的贼

威廉年轻的时候就很喜欢绘画，而且尤其喜欢收藏各种名家画作。退休之后，威廉用自己收藏的那些作品开了一家画廊。威廉对于这些作品非常珍惜，简直把它们当成了命根子。为了维持画廊的运作，威廉还一起兼营卖画的生意。他有很多好的画册，是作为商品出售的。一直以来，威廉的生意都很不错，经营画廊的钱比他的退休金高多了。

这一天，天上下着大雨，生意非常冷清，威廉一边收拾店里的画册，一边唱着歌。整个上午，只有邻居玛丽太太光临，后来有一个许久没有联系的同事戴维也来逗留了片刻。然而，当这两位顾客都离开之后，威廉发现自己奉若珍藏的一幅画册不翼而飞了。威廉很着急，马上去警察局报案，并且在警察的陪同下去拜访玛丽太太和那位同事。没想到，玛丽太太当即很生气地把威廉和警察赶了出去，而且说这样的怀疑是对她的侮辱。到了前同事家里，威廉说明来意，前同事说："很抱歉，我的确没有看到你说的那幅画册。我整个上午都很疲惫，因为我忘记戴眼镜了，所以每拿起一本画册，都要将其放在眼前，还要瞪大眼睛，才能看得清楚。"对于前同事的话，威廉表示信任。正在此时，前同事突然说："不过，今天我在挑选画册的时候，发现在另一个书架那里，有位女性的确拿起了这本书。"威廉激动地问："你看清楚那个女性的长相了吗？"前同事摇摇头，这个时候，警长对威廉的前同事说:"先生,你可以做出选择,看看是你主动交出画册,还是我们亲自把画册搜出来呢?"在警长先生的声色俱厉之下,前同事乖乖地把画册交出来了。

警长如何断定威廉的前同事就是偷走画册的罪犯的人?这都是因为威廉的前同事说起话来前言不搭后语,而且思维很混乱,明显是在撒谎。对于前同事而言,如果他连眼前的书都看不清楚,又如何能隔着书架看清楚一个人正在拿着丢失的画册呢?这样自相矛盾的说法,正是因为威廉的前同事在撒谎,试图撇清自己的嫌疑,推卸自己的责任。这样的小心思,在火眼金睛的警长这里,自然经不起任何推敲。

9.燃烧的雪茄

博物馆的馆长每天都在和各种古董打交道,但是在众多的古董里,他最喜欢的还是法老的面具。法老的面具有非同寻常的意义,价值连城,馆长甚至不舍得把面具展览出去给游客们看,而是将其锁在办公室的保险箱里,等到闲来无事的时候就拿出来把玩。

这一天,已经到了闭馆的时间,馆长还没有离开办公室,保安突然意识到馆长已经整个下午都没有走出办公室,也没有进行日常巡视,为此去敲门。保安敲了很长时间,馆长都没有应声,只好打开门查看情况。结果,保安看到馆长胸口插着一把匕首,伏在桌子上已经死去。而在办公桌上的烟灰缸里,一只雪茄还在燃烧。从雪茄燃烧的程度来推断,馆长死亡的时间应该就在一个半小时之前,也就是下午四点半前后。

警长调查情况,发现整整一天,除了收藏家威尔之外,并没有人到过馆长的办公室。但是威尔是在中午十二点半离开馆长办公室的,而且他有完美的不在场证据。下午四点半,威尔正在一家酒店里参加拍卖活动,而且竟拍得到了一幅梵高的画作。到底是谁杀死了馆长呢?在把馆长的尸体运走之后,警长坐在馆长的办公桌上,绞尽脑汁想象着案发时的情形。他盯着办公桌上的望远镜,看着已经熄灭的雪茄,从中午坐到黄昏,突然间看到对面教堂的尖顶在夕阳的照射下有了细长的影子,不由得灵机一动,想到自己进入了一个凶手精心设置的误区。他马上派人去抓捕收藏家威尔,而且在威尔的家里搜查出了法老的面具。

威尔在中午十二点半离开馆长的办公室时,已经杀死了馆长。为了混淆警长的破案思路,他利用光的折射原理,把雪茄摆放在望远镜的焦点之下,为此在四点半的时候望远镜点燃了雪茄,使得警长误以为馆长死亡的时间在四点半。这样一来,警长就陷入了破案的误区,而威尔也能够逃离法律的制裁。

10.被声音破坏的完美杀人计划

比特是一家侦探社的老板,也是侦探社里唯一的王牌侦探。他很擅长逻辑推理,也的确破获了好几个引起轰动的案件,为此在业内名声大噪,有很多人都来求他帮忙破案。

这一天,比特才刚刚开门营业,就有一个绅士走进来对比特说:"我想寻求你的保护和帮助。"比特此前接待的都是要求破案的人,对于这个寻求保护的人,比特马上回答:"先生,我们这是侦探社,不提供保镖服务。"绅士说:"如果你们不对我提供保护,只怕接下里就会有人来求你们帮忙破案，而你再次看到的就会是我的尸体。"看到绅士说得这么严重，比特只好问清楚原因。绅士说："我已经结婚了，但是我还有个小女朋友，这个小女朋友有个美国籍男友。最近，美国籍男友发现我和他的女朋友有染，一定要杀死我，还给我打过电话。我担心他很快就会来报复我。"比特答应在必要的时候给绅士保护，没想到次日就看到绅士被杀死在家里。绅士死得很惨，面目全非，比特只能根据指纹来辨认绅士的身份，在绅士的死亡现场，还发现了美国产的香烟。比特确定，就是绅士小女友的美国男友杀死了绅士。

然而，绅士的小女朋友是秘密的地下情人，从现有的线索上，根本找不到小女朋友的踪迹，更无法发现小女朋友男朋友的任何踪迹。比特很后悔自己没有及时对绅士展开保护。绅士的妻子从国外出差回来之后，得知绅士去世的消息非常震惊，痛不欲生。比特对绅士的妻子进行了安抚。

几个月后，这个案件依然没有进展，比特在外出就餐的时候，突然听到熟悉的声音，扭头一看，绅士的遗孀正在和一个陌生男子有说有笑地用餐。令比特惊讶的是，这个男子的声音和去世绅士的声音一模一样。比特马上想清楚了整起案件，联系警察局抓捕了这一对奸夫淫妇。

真相

当初去拜访比特的，正是这位陌生的男子，他乔装打扮成绅士的样子，编造了绅士在外面有情人还有情敌的事实，混淆了比特的破案思路。绅士的妻子和这个男子有奸情，所以才里应外合杀害了绅士，为了瞒天过海，他们破坏了绅士的面容，让比特只能根据指纹来验证死者的身份。这样一来，他们就成功地杀死了绅士，而可以光明正大地在一起，但是他们绝没想到百密一疏，陌生男子的声音出卖了他们的计谋，最终让他们法网恢恢，插翅难逃。

11.融化的巧克力

作为火车站的便衣民警，大张和大刘经常需要配合民警抓捕逃窜犯。这一天，他们接到了警察局的通告，说上游城市有个流窜犯有可能会在本市车站下车，让他们一定要配合抓捕。最要命的是，警察局没有这个流窜犯的照片，因而他们只能凭着感觉判断谁是好人，谁是坏人。

在炎热的天气里，大刘挥汗如雨，一边走一边抱怨："让我们抓捕流窜犯，连张照片都不给，我们又不是孙悟空有火眼金睛，哪里知道谁是好人，谁是坏人啊！"大张说："别抱怨啦，好好观察，一定会看出来蛛丝马迹的。"正在他们交谈的时候，有个乘客原本正在朝着大厅外面走去，突然不易觉察地转身折返，朝着火车入口的方向走去。大张敏锐地觉察到异常，赶过去问这个乘客："请出示你的车票。"该乘客说："我正准备买票呢！"看着这个乘客满脸疲惫的样子，大张说："你是准备乘车的吗？"该乘客明显有些紧张，情不自禁从口袋里掏出一块巧克力放入手中，说："当然，我准备去海南打工的。"大张突然控制住这个乘客，大刘见状也马上帮忙，给这个乘客戴上手铐。他们马上通知警察局过来指认该乘客，最终证明虽然该乘客不是正在通缉的逃犯，却是几年前就潜逃的杀人犯。那么，大张是如何断定这个乘客在撒谎的呢？

真相

在三十几度的高温下，乘客口袋里的巧克力一定处于融化的状态，非常绵软，但是这个乘客掏出来的巧克力硬邦邦的，明显就在一直有冷气的环境中才能保持不融化。而且，该乘客原本是想走向火车站外，听到大张和大刘的谈话，马上折返回去想要登上火车，这也是做贼心虚的表现。综合这两个方面的因素，大张断定该乘客有不可告人的秘密，并一举把他拿下。

12.茅草屋檐下的冰柱

作为一个独居的小生意人，刘军每天都过着辛苦的生活，总是奔波忙碌，很少有能够在家里享受安逸的时间。这天晚上，刘军准备好行李和现金，准备次日清晨去外地进货。到了深夜，刘军感到腹痛难忍，只能连夜去了医院。医生诊断刘军是食物中毒，并给刘军输液治疗。次日，刘军回到家里，看到家里一夜之间遭了窃贼，而他准备好进货用的几万元不翼而飞。

幸运的是，当天夜里下了大雪，窃贼在路上留下了很深的脚印。警长按照脚印去寻找，来到了一所茅草屋旁。警长敲开茅草屋的门，看到一个中年男人。警长问男人："昨天晚上你在哪里？"男人打着哈欠说："今天凌晨，我才下火车，刚刚到家里一个小时好不容易才睡着觉，你们就来砸门。怎么了？"警长说："有位先生家里失窃，我们怀疑与你有关，因为大雪中的脚印就是指向你家的。"男人表现出一副无辜的样子，说："怎么可能，昨天晚上我还在火车上呢！我回老家看望父母了，待了一个星期才回来！"警长看到男人拒不承认，正准备离开，突然看到茅草屋周围的冰凌。他凝神细思，当即对助手说："回去，拘捕那个男人，他在撒谎。"警长如何知道这个男人在撒谎的呢？

在没有人居住的房间里，因为没有热气，所以雪花飘落之后会堆积起来，而不会融化变成冰凌。显而易见，茅草屋里的男人在撒谎，他明明一直居住在家里，却谎称自己离开家一个星期，一定另有隐情。

13.被冰封的真相

作为一名地质学家,帕克每年都有很长的时间不在家里,而是在荒郊野外四处勘探地质情况。因为独自一个人居住,家里还有很多贵重的化石,所以帕克特意拜托邻居帮忙照看家里。这一次,帕克又走了好几个月才回家,他正朝家走过去,就看到邻居迈特惊慌地朝着他跑过来。帕克产生了一种不好的预感,果然迈特对帕克说:"帕克,你终于回来了,昨天晚上,你家里遭了窃贼,丢失了很多贵重的东西。"

得到这个消息,帕克来不及回家,赶紧去警察局报案。警长和帕克一起回到家里,警长问迈特:"你能描述下昨天晚上发现窃贼的情形吗?"迈特说:"昨天晚上,我有些感冒发烧,所以早早地就睡了。睡到半夜时分,我依稀听到有响声,赶紧起床查看情况。我听到声响是从帕克家里传出来,就走到窗户底下隔着玻璃朝里看。天气很冷,玻璃上有一层冰,我看不清楚里面的情形,还以为是帕克回家了呢,于是我就离开了,结果今天早晨一看,帕克家里就成这样了。"警长看着窗户,陷入了沉思,问:"昨天夜里窗户上有冰吗?"迈特点点头:"冰还挺厚的。"警长问迈特:"你这样贼喊捉贼,对得起帕克的信任吗?"迈特显然惊住的:"警长先生,您这话是什么意思?昨天晚上窗户上的确有很厚的冰,是太阳出来了,冰才化的。"警长说:"跟我去警察局吧,希望你还没有把监守自盗的东西卖掉,可以归还给帕克先生。"警长是如何知道迈特就是那个贼的呢?

真相

冬天极度寒冷的情况下,屋子里的热气和水汽因为遇到冰冷的玻璃窗,的确会凝结在玻璃窗上。然而,帕克家里已经有几个月没有住人,屋子里既没有热气也没有水汽,因而就算天气再冷,窗户也不会凝结成

> 厚厚的冰。另外，次日太阳出来，窗户上就算有冰后来融化了，也会有很多的水汽和水渍，但是帕克家的窗户上显然没有。这就说明了迈特只是看到自家窗户上有冰，就在假装入室盗窃偷走了帕克的东西之后，看到帕克回来，编造了这个谎言。

14. 被睡衣出卖的杀人凶手

　　凌晨两点，警长正在警察局的值班室里酣睡，电话铃突然响了起来。在静谧的夜里，铃声显得那么刺耳，把警长吓得从床上一跃而起。电话里，传来一名女性焦急的声音："是警察局吗？"警长回答："是的。请问您需要帮助吗？""我丈夫被杀了，我家在杨德大街55号。"警长穿上外套打开房间的门，一股冷风马上灌进来，警长忍不住把脖子一缩："该死的鬼天气，什么时候杀人不好，偏要选在这个时候！"车子里也冷得像是冰窖一样，警长哆哆嗦嗦地发动汽车，马上打开暖气，足足过去好几分钟，车子里才有了点儿暖气。

　　警长开足马力，半个小时就到达了案发现场。他使劲敲门，很快，有个穿着睡衣的女人过来开门。警长进入房子，一边摘掉帽子围巾，一边解开大衣的扣子，问："是你报的案吗？"女人点点头："我丈夫在楼上。"警长问："他是怎么死的？"女人脸色惨白："我也不知道。我们看完电视已经十一点多了，和往常一样一起入睡。后来我起床去洗漱间，看到他张着嘴巴躺着，被人杀害了。"警长继续问："还有其他异常吗？"女人指着楼下打开的窗户说："我报案之后，发现这扇窗户敞开着，我担心上面会有指纹，就没有动。"警长走到敞开的窗户跟前，看了看窗户外面，发现一切正常，并没有攀爬的痕迹。他一回头，看到女人穿着单薄的睡衣，因而对女人说："可以让我和您握手吗？"女人伸出手，探长感受到女人手掌的温度，突然冷冷地说："法医很快就会赶到，进行尸检。不过，我倒是建议您投案自首，而不要等到证据俱全再说出真相。"警长如何知道女人就是杀死丈夫的凶手的呢？

真相

在严寒的冬日里，凌晨两点气温正低。但是案件发生的房屋里，一打开门就有扑面而来的热气，穿着睡衣的太太丝毫没有表现出寒冷的样子，而且手也是很温暖的，但是她却告诉警长楼下的窗户已经开了至少半个小时。那么，屋子里的温度为何没有下降呢？由此证明，窗户是女人刚刚打开的，只是为了混淆警长断案的思路而已。

15.真正的盗贼

卡尔目前正在和相处不久的女朋友同居。为了表现出对女朋友的信任，卡尔把自己的存折和很多贵重物品都交给女友保存。有一次，卡尔去外地出差，回到家里的时候，发现家门敞开着。卡尔非常紧张，还以为家里遭到了盗窃，赶紧进屋查看情况。卡尔发现女朋友被人绑在座椅上。

卡尔焦急地询问到底发生了什么，女朋友哭泣着说："亲爱的，快给我松绑吧！昨天晚上，家里遭了入室抢劫，他们把所有的钱和贵重东西都抢走了！"卡尔没有急于帮助女朋友解开捆绑，而是安抚她："先别着急，你的身上有劫匪的指纹，不能破坏现场，我现在就报案，要求警察马上赶到现场进行勘察。"女朋友急得哭起来，但是卡尔坚持要等警察来了再放开女朋友。

警察很快来到现场，在进行一番侦查之后，盯着火炉上沸腾的水壶，问卡尔："这个水壶是你放在炉灶上的吗？"卡尔摇摇头，不知道警察是什么意思。警察问卡尔女朋友："你说劫匪是什么时候入室抢劫的？"卡尔女朋友眼睛里闪过一丝慌乱，卡尔就在旁边，她只能和此前告诉卡尔的那样回答："昨天晚上！"警察说："小姐，别再贼喊捉贼了。难道这壶水会从昨天晚上沸腾到现在，依然是满的状态吗？还是你有特异功能，可以让水一夜都不沸腾，而只等到早晨卡尔到家之前才沸腾吗？"在警长的一番询问下，卡尔恍然大悟。

真相

　　真正的盗贼就是卡尔新认识的女朋友。她想私吞卡尔的财产，因而采取这样的方式让卡尔误以为家里遭了盗贼。可惜的是，她百密一疏，早晨赶着卡尔到家之前临时设计了这个局，编造了前一天晚上就被抢劫的谎言，却被一壶开水出卖了。

16.机智的大律师

　　有一天晚上，大律师正准备离开律师事务所的时候，突然有一个劫匪冲了进来，拿枪指着律师的身后，喝令律师："赶紧把钱交出来，否则我杀死你，大律师！"大律师一开始非常紧张，但是他冷静下来想了想，知道自己必须想办法自救，否则下场会很惨。

　　大律师知道这个劫匪看似是为了钱而来，而实际上却是自己的仇家雇来的，只是想以抢劫的方式要了他的性命而已。为此，大律师问："你是谁派来杀我的？他给你多少钱？没关系，不管他给你多少钱，我都愿意出十倍的价钱给你。"劫匪一听说有十倍的钱可拿，马上两眼冒光地问："真的吗？你能给我十倍的价钱？"律师毫不迟疑点点头，说："你看看，我的律所一直都是做经济案件的，所以我的代理费是非常高的，我当然可以出十倍的价格给你。你只要告诉我对方给你出多少钱就可以。"

听到这句话,劫匪陷入沉思,律师抓住机会对劫匪说:"不妨坐下来喝一杯红酒吧,我们也可以好好地商讨一下价格。"说着,律师给劫匪倒了一杯红酒,劫匪很警惕,他手里依然拿枪指着律师,另一只手接过酒杯,把红酒一饮而尽。律师调侃道:"如果你喝醉了,瞄不准我,这可不怨我。我可以现在就付你钱,如果你不放心的话。"劫匪听说现在就能拿钱,更加激动了,问:"钱在哪里?"律师告诉他:"钱都在保险柜里。"劫匪用枪顶着律师的脑袋说:"你给我老实一点,否则我就让你脑袋开花。"律师小心翼翼打开保险柜,从里面拿出一个厚厚的钱袋,对劫匪说:"这些钱可以先当作定金,然后,我会再给你更多的钱。因为,现在保险箱里的现金只有这些。"劫匪马上伸手去拿信封,这个时候,律师拿起刺客的酒杯,假装要给劫匪倒酒,却突然把劫匪用过的酒杯和保险箱的钥匙都锁到保险箱里。这样一来,保险箱就无法再打开了。这个时候,律师对劫匪说:"好吧,现在你可以杀了我,不过你要知道,不管你杀了我之后走到哪里,警察都能根据指纹抓到你。你就算得到再多的佣金,也根本没有机会把它们花出去。你确定要继续杀我吗?"劫匪气得火冒三丈,打开钱袋一看,里面只有厚厚的票据,根本没有钱。律师对劫匪说:"如果你现在离开,我可以不追究。"劫匪思来想去,只好灰溜溜地走了。

律师所说的证据是什么呢?劫匪在红酒杯上留下了指纹,而此刻酒杯却被律师和保险柜钥匙一起锁了起来,所以劫匪没有办法消除自己留在现场的证据。

17.粉刷匠与杀人凶手

马太是远近闻名的小混混，他总是游手好闲。还经常欺负周围的老百姓，所以大家都很讨厌他，恨不得躲开他远远的。

一天晚上，马太被人杀死在街道上。警长接到报案之后马上赶到案发现场查看情况，马太的尸体就在道路旁边，身上被人刺杀了很多刀，血流得到处都是。看起来，马太在临死之前进行了很长时间的搏斗，因为他的衣服都被撕了，指甲还有很多的泥土。

警长看到马太死的街道就位于居民区之间，认为一定有邻居听到了马太死前和凶手的搏斗。为此，警长马上对周围的邻居进行调查，但是这些邻居都说自己没有听到任何声响，而且也没有看到任何可疑人物。警长听到邻居们众口一词的否认，觉得很值得怀疑，甚至推测这些邻居是在保护真正的凶手。这些邻居之间，到底谁在撒谎呢？警长很确定在案件发生的时候，整个打斗持续了很长时间，一定会发出声响，所以周围必然有邻居是听到动静的。

警长询问的第一个邻居正在除草，他说："我整个下午都在除草，一直在房子和草坪之间进进出出好几次，不过中间有一次我感觉到有些饿了，所以就回到房子里吃了一个三明治。我想这起凶杀案肯定是在那个时刻发生的，否则我为什么一点动静都没有听到呢？"

警长询问的第二个邻居是一个中年男性，他下午的时候正在踩着楼梯擦玻璃。他说："我趁着失业期间在大扫除，不然找到新工作，就没有那么多的时间来清洁家里了。"警长看到这个男性的衣服的确湿漉漉的，沾满了水渍，虽然从他的院子里可以看到死者死亡的现场，但是他自称一边擦玻璃，一边思考着找工作的问题，所以有些心不在焉，根本就没有往道路上看。

警长询问的第三个邻居是一个年轻人，这个年轻人看起来非常和善，他正在粉刷自家院子里的栅栏。他对警长说:"我整个下午都在粉刷栅栏,而且我平日和马太没有什么交集,很少关注他的情况。"警长觉得这个年轻人的穿着很清爽,让人看起来很舒服,因而忍不住多看了这个年轻人几眼:下身穿着一条干净的牛仔裤,牛仔裤是浅蓝色的,上身穿着一件雪白的T恤,腰带上别着一个录音机,耳朵上还挂着耳机。警长忍不住想:"这个年轻人在听音乐,应该也没有听到马太和凶手搏斗时的声音。但是警长总觉得哪里有些不对劲,他在认真思考之后,对这个年轻人说:"你就是凶手,不要再狡辩了!"警长如何知道这个年轻人就是凶手的呢?

这个年轻人如果整个下午都在粉刷自家的栅栏,那么他的身上不可能没有任何油漆的痕迹。合理的解释就是,年轻人在杀了马特之后,回到家里换上了干净的衣服才出来假装在粉刷栅栏。

18.刚泡的茶叶

一天晚上,警长正准备下班,突然接到了报警电话,报警人说:"警长快来啊,我的哥哥中毒身亡了。"挂断电话,警长马上赶到案发现场,看到有一个中年男性躺在地上。这个男性的皮肤颜色非常暗淡,看起来的确是中毒而死。报警人正是死者的弟弟,看到警长的到来,弟弟非常紧张,激动地说:"警长先生,我和我哥哥下午参加了一个宴会,因为他喝多了,所以我开车送他回家。但是,到家没多久,他就突然倒在地上,不省人事。请您一定要为我的哥哥主持公道,找到凶手!"

警长对周围的情况进行了详细的检查,并没有发现异常。警长陷入了思考,看到炉子上的茶壶里正煮着茶水,茶叶在上面漂浮着,警长赶紧让助手对茶水进行检查。助手经过检查之后确定，茶水里并没有毒素。警长问弟弟："你和你哥哥回家多长时间了？"弟弟说："我和他已经回家两个小时了。他有些喝多了，所以一回到家里，我就煮了一壶茶给他解酒。我想，我们都应该喝些茶水才能够尽快醒酒。警长听着弟弟的话，脑海中浮现看到茶壶的情形："茶壶的盖子打开着，的确有满满一壶热水，而且上面漂浮着很多茶叶。"警长让助手对茶壶提取指纹，发现茶壶上只有弟弟的指纹，并没有死者的指纹。警长当即指着弟弟，命令助手把弟弟抓起来，说："他就是真正的凶手！"弟弟当即反驳："警长先生您不能冤枉好人，有什么证据说我就是杀人凶手？"

弟弟告诉警长他和哥哥已经回到家里两个小时了，而且是在刚刚回家的时候就开始煮茶醒酒。警长到达案发现场的时候，茶壶里的茶叶漂浮在上面，这就说明这壶茶是刚刚泡的，所以茶叶才不会沉底。这与弟弟说的已经泡茶两个小时显然不符合，那么，弟弟为何要撒谎呢？很有可能是弟弟在茶壶里投毒杀死了哥哥，然后又毁灭了证据，把有毒的茶叶水倒掉，而在茶壶里放入了干净的水，重新煮了一壶茶。

19.纵火的画家

画家在森林里有一栋别墅，为了有良好的创作环境，他最近这段时间一直带着猫咪居住在别墅里。也许是因为久居别墅，深入浅出，感到乏味，画家正准备外出旅行。为了保证别墅的安全，在出行之前，画家为别墅购买了巨额的保险，之后就背着行囊出发了。

然而，画家才走了半个月，旅行还没过半呢，就接到了当地警察局打来的电话。原来，画家的别墅突然着火了，幸好下了一场大雨，才及时把大火扑灭，没有给画家带来更大的损失。画家接到警察的电话之后，当即结束旅行返回家里。看到家里只有很小的损失，画家非但没有表现出很放心的样子，反而有些遗憾。警察看到画家的反应非常奇怪，他当即对这场火灾进行了深入调查。别墅里没有起火的东西，也没有线路出现老化的迹象，尤其是别墅的煤气都是关好的，所以说别墅完全没有理由起火。那么，别墅到底是因何而起火的呢？

在消防专家的帮助下，警长确定了起火的地点是在壁炉附近。但是壁炉里面什么也没有，根本没有使用，在着火的地方地面上只有地板，没有任何火源，为何会起火呢？画家坚持说他在离开别墅的时候，别墅里一切都是正常的。警长经过仔细观察，发现在起火的地面上有破碎的鱼缸，而且鱼缸里的鱼也都死了，附近还有小猫的尸体。最终，警长判断画家就是真正的纵火犯，而目的是骗取高额的保费。那么画家人在旅途，是如何纵火的呢？

画家在离开家的时候并没有给猫咪留下食物，这样一来，猫咪饿极了，就会去抓鱼缸里的金鱼吃。当猫咪把鱼缸打落在地上，地上的生石灰就会与水发生反应，从生石灰变成熟石灰，瞬间释放出大量的热量，引起木地板着火。画家在出门旅行之前给别墅上了巨额保险，如果别墅被毁，保险公司就只能对他进行理赔了。

20.金笔与凶手

在一间旅馆里，年轻的女性艾迪被人用水果刀刺入背部死亡。警长到达现场后，马上和旅馆的主人询问艾迪的情况。旅馆主告诉警长："艾迪上周才和丈夫结婚。她的丈夫是一名船长，昨天启程去了夏威夷。"警长问："她为何住在旅馆里？他们结婚的家在哪里？"旅馆主说："以前，艾迪和前任恋人丘比恋爱的时候，经常在我的旅馆里过夜。她和丈夫的新家在距离旅馆两条街之隔的公寓里。"警长问："你看到丘比过来了吗？"旅馆主摇摇头。

警长马上去拜访丘比，在离开案发现场之前，警长故意把自己的金笔丢在现场。看到丘比，警长问："丘比，艾迪死了，你知道吗？"丘比张大了嘴巴、瞪大了眼睛表现出难以置信的样子："真的吗？这太可怕了，她还那么年轻。"警长说："我来找你，是想问问昨天案发的时候你在哪里？"丘比不假思索地回答："我正在家里午休，前天晚上我失眠了，所以昨天中午我非常困倦。"警长的眼神里略过一丝不易觉察的怀疑，假装要掏出笔来记录，却找不到笔，说："不是你干的就太好了。我还要赶去见另一个嫌疑很大的人，我的笔好像丢在艾迪那里了，你可以帮我去找一下笔，并且送回警察局吗？交给我的同事就行。"丘比很乐意为警长服务，当即赶去旅馆找到那支笔，送到警察局，他没想到的是，等待着他的是一副冰冷的手铐。

警长如何判断出丘比就是凶手的呢？

真相

警长只是询问丘比有没有不在现场的证据，还没有说出案发的时间，丘比就表示昨天中午正在午休，而中午正是艾迪死亡的时间。后来，警长故意以漫不经心的语气让丘比去艾迪死亡的地方找到他遗失的金笔，按理来说，丘比应该去艾迪的新婚之家找笔才对，但是他却去了旅馆的房间。这样一来，警长理所当然能够确定丘比就是杀害艾迪的凶手。

21. 土匪头目

一个偏僻的山村靠近大山，因为交通不便，消息闭塞，所以土匪每隔一段时间就会来村庄里烧杀抢掠，抢夺很多的东西，使村民们苦恼不堪，觉得日子简直没法过了。为了消除匪患，村民们把土匪抢劫的情况汇报给长官，但是长官对于土匪也无可奈何，因为土匪盘踞在大山上的悬崖峭壁之中，要想强攻上土匪的根据地，难于上青天。长官觉得不能这样放纵土匪，为此专门率领大军埋伏在土匪出没的道路上，想守株待兔，等到土匪再次出山的时候把土匪一举消灭。没想到，土匪似乎得到了消息，整整半个月都没有任何的举动，在山上整天喝酒吃肉，不亦乐乎。

长官等得有些着急了，还有很多士兵都要求回家去过中秋节，不愿意再等在路上埋伏。长官经过一番思考，劝说大家一定要稍安勿躁，避免前功尽弃，而且告诉大家马上就要过中秋节，土匪一定会再次下山烧杀抢掠。果然，又等了三天，土匪真的出现在下山的必经之路，他们又准备去村子里烧杀抢掠了。

看到土匪出现，全体官兵一拥而上，把土匪团团围困住。长官当即就想把土匪头目抓住，但是这些土匪穿的衣服一模一样，土匪头目并没有特别的装束，所以长官很难认出土匪头目。长官大声训斥土匪，问谁是土匪的首领，土匪们全都低着头不吭声。这个时候，长官想出了一个妙计，大声说了一句话，果然使所有土匪都看首领，结果长官把土匪头目抓起来，又把整个土匪编队都解散了。长官到底说了什么，让所有的土匪都第一时间看向首领呢？

真相

长官说，"作为土匪头目，你怎么能抢先逃跑呢"，这句话使得其他所有的土匪都第一时间看向土匪头目，这样一来，长官自然就知道谁是土匪头目了。

22. 偷首饰的贼与小狗

菲尼太太是一个有钱人，她的丈夫一直在国外做生意，平日里只有她和小狗汪汪在家。菲尼太太把小狗汪汪当成是自己的亲人，对小狗汪汪非常好。但是菲尼太太养尊处优，不想亲自伺候小狗洗澡、拉尿、喂食等，因而专门雇用一个保姆来照顾小狗汪汪。但是小狗汪汪非常不喜欢保姆，只要一看到保姆，它就会狂吠不止。无奈之下，菲尼太太只好让这个保姆做一些家务活，而又雇了另外一个保姆来给汪汪洗漱喂食。小狗汪汪和新保姆相处很好。

新保姆显然很有狗缘，才来了没多长时间就和小狗汪汪打得火热，小狗汪汪一看到新保姆就高兴得又蹦又跳，菲尼太太只好解释为他们之间很有缘分。每天白天，小狗汪汪都和新保姆在一起，而等到晚上的时候，小狗汪汪一定要到菲尼太太床上才能睡觉。有一天晚上，菲尼太太要去参加宴会，但是小狗汪汪怎么办呢？思来想去，菲尼太太决定等到小狗睡着之后，再去参加宴会。

宴会结束得很晚，菲尼太太回到家里的时候，已经是深夜。她回到卧室准备卸妆，打开首饰盒，才发现一些非常贵重的首饰都不翼而飞了。到底是谁偷了菲尼太太的首饰呢？菲尼太太马上报警求助。警长赶到现场勘查情况，发现小狗汪汪非常安静，又询问了两个保姆，两个保姆都说小狗从来没有喊叫过。这个时候，警长确认了屋子里并没有进来外人，因为如果有外人进来，是不可能只偷几件首饰的。经过思考，警长认定这是内部作案，是家里的人顺手牵羊偷走了首饰。经过再三思考，警长认为一定是新保姆偷走了首饰，警长为何会这么说呢？

> **真相**
>
> 如果第一个保姆进入卧室来偷首饰，那么，小狗汪汪在见到他进来之后一定会狂吠不止，但是整个晚上小狗汪汪都很安静。狗的听觉非常灵敏，只要有人进入室内，它一定会醒过来，这就说明，肯定是新保姆进入主人的房间来偷首饰，所以小狗才会保持安静，没有发出狂吠的声音。

23.文艺窃贼落网记

作为一个窃贼，罗森偷窃的东西和其他普通的窃贼有很大的不同。其他普通的窃贼不是偷钱就是偷物，但是罗森偷的却不仅仅是这些东西，他还常常会顺手牵羊偷一些大作家的文稿，并且把这些文稿卖出去换取大量的钱。最近，罗森瞄上了一个大名鼎鼎的作家，他知道这位作家的一部书稿正要收尾，而一旦收尾，这部书稿至少能够卖出几十万的价钱。罗森一直在盯着这位大作家的书稿进度，生怕错过了偷窃的好时机。

得知大作家的文稿已经收尾，罗森就第一时间出现在作家的院墙上。那天晚上天气很热，蚊子特别多，罗森蹲守在院墙上看着作家的书房，他盼望着书房里的灯赶紧关掉，那样就意味着作家去睡觉了，罗森也就可以把作家的书稿据为己有。然而，到了很晚作家还没有睡觉，罗森只能一直在外面等着。蚊子们蜂拥而上，都想喝罗森的血。罗森小心翼翼地把蚊子拍死，生怕惊动了作家。很多蚊子被罗森拍死之后都掉在了地上，直到凌晨两点钟，大作家才回到卧室睡觉。罗森被蚊子咬得浑身都是大疙瘩，又疼又痒，看到书房的灯灭了，他兴奋不已，赶紧潜入书房，把作家刚刚完成的书稿偷走了。

次日，罗森就找到了一个书商，准备把书稿脱手，卖给书商。这个时候，警长找到了罗森，对罗森说："赶紧把书稿交出来！"罗森假装不知所以，反问警长："什么书稿？我不知道呀！"警长严肃地对罗森说："不要玩你这些小伎俩，我如果没有确凿的证据，是不会来找你的。"那么，警长是如何确定罗森就是窃贼的呢？

> **真相**
>
> 作为一个窃贼，罗森在警察局里是有备案的。那天晚上，罗森因为被蚊子咬，所以拍死了一些蚊子，警长正是从这些蚊子肚子里提取了血液，证明了这些蚊子都吃了罗森的血，所以才能认定罗森是窃贼。

24. 隐形的窃贼

大富翁最近一个人在家里居住，他的妻子带着孩子去外地旅行了。因为不会做饭，所以每当到了饭点的时候，他或者点外卖或者出去吃饭。吃了一段时间外卖之后，他觉得外卖的味道很不好，也没有营养，因而决定每天都去家门口的饭馆用餐。

大富翁很注重养生，一日三餐都很有规律，每天都会准时去吃饭。大富翁不知道自己被一个窃贼瞄准了。他的家里私藏着一颗红宝石，窃贼早就蠢蠢跃动，想要将红宝石据为己有。有一天，趁着大富翁外出吃饭的时候，窃贼潜入家里偷了红宝石。但是窃贼的动作有些慢，等到他把红宝石处理完之后，还没来得及走出家门，大富翁就已经回来了。大富翁听到家里有动静，从猫眼看到有个鬼鬼祟祟的人在家里，当即把门从外面反锁上，把窃贼锁在了房子里。他第一时间报告警长家里招贼了，警长带着助理火速赶到现场。警长马上就认出了屋子里的人是惯偷，当即质问窃贼："你在做什么坏事情？为什么出现在别人家里？"窃贼说："我的确想偷东西，但是我还没有得逞呢，主人就回来了。所以我只能两手空空准备逃跑！"警长可不相信窃贼的话，因为这个窃贼非常狡猾，涉及很多案件，但是却始终没有留下把柄。

警长让大富翁检查屋子里是否丢失了什么东西，大富翁仔细检查过之后，发现屋子里的现金、金银首饰都没有丢失，而唯独丢失了那颗最贵重的红宝石。警长质问窃贼："你把赃物放在哪里了？"窃贼拒绝承认，他说自己从没有见过什么红宝石。这个时候，警长在对窃贼搜身的时候，发现窃贼的口袋里有一根羽毛。警长不由得哈哈大笑起来，说："那么，你既然不知道红宝石在哪里，我们只能先把你送到警察局，然后亲自把宝石找回来！"警长带着助理和大富翁来到窃贼的家里，果然找到了那颗宝石，那么，窃贼是如何转移赃物的呢？

真相

窃贼口袋里的羽毛是鸽子的羽毛，鸽子能够认路，所以窃贼让鸽子当他的助手，把他偷到手的宝石先转移到他的家里。因而警长和大富翁在现场对窃贼进行搜身的时候，才没有找到红宝石。

25.机箱盖上的猫爪印

深秋的夜里，天气非常寒冷，还下着淅淅沥沥的小雨，更是让人感到瑟瑟缩缩的。正是在这样一个风雨交加的夜晚，有一家银行遭遇了窃贼，丢失了大量的现金和珠宝。警长马上赶到现场勘查情况，发现的一切证据都指明，这次进行盗窃的人很有可能是一个惯偷，名叫切西卡。

切西卡早就在警察局留下了案底，只是因为警长一直没有抓住他偷窃的确凿证据，所以才暂时让他逍遥法外。这次的盗窃案又指向了切西卡，警长再也按捺不住，带着助理马上冲到切西卡的家里，与切西卡进行正面交锋，质问切西卡："今天银行发生了盗窃案，你知道吗？"切西卡当即摇头否定，说："我一直留在家里，根本就没有出门！"

警长决定去查看切西卡的车库，切西卡丝毫没有阻拦，反而非常配合。他告诉警长："我的车子早就坏了，一直都没有出过门。"警长在检查切西卡的车子之后，发现切西卡早有准备，他已经把车子清洗过了，根本看不出有在雨天行驶的痕迹。而且，切西卡的车子上还有一个零件坏了，车厢盖子上有很杂乱的猫爪印。

警长问切西卡："你家里养猫吗？"切西卡摇摇头说："我从来不养任何小动物，我连自己都养不活呢！"警长又问："你的车坏了有多长时间了？"切西卡说："我的车已经坏了将近一个月了，因为我最近不怎么出门，所以也没有着急修车。"警长当即质问切西卡："既然你不准备出门，也不着急用车，为什么要洗车呢？"切西卡笑起来，狡猾地说："我当然爱护我的车了，我希望把它洗得干干净净的停在这里。"警长当即严厉地斥责切西卡："你说了假话，你就是银行的窃贼，我们会马上控制你，再对你的家里进行搜查。我相信在这么短的时间内，你的赃物肯定还没有转移，所以这次你不可能再侥幸逃脱了！"警长如何判断出切西卡说的是假话呢？

真相

如果切西卡的车真的已经坏了一个月，而且从来没有开过，那么他的机箱盖就不会有崭新的猫爪印。在寒冷的天气里，切西卡的车曾经行驶过，发动机那里非常温暖，所以猫才会蹲在机箱盖上取暖，这样一来就揭穿了切西卡的谎言。

第二章 脑筋急转弯

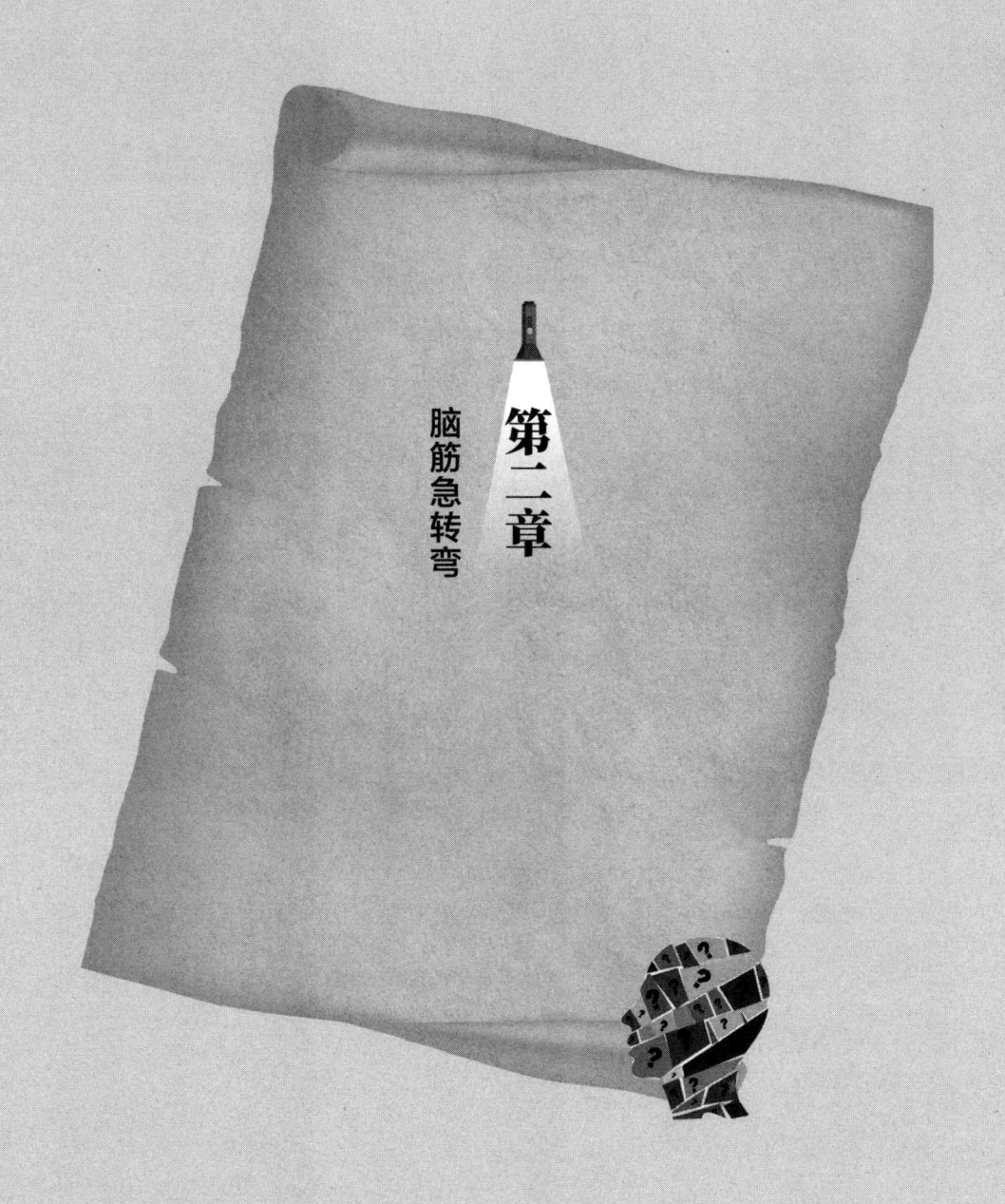

26.有一种门永远也关不上

晓城的爸爸妈妈一直没有给他的房间安装门,因为小时候晓城经常生病,为了方便照顾晓城,爸爸妈妈觉得敞开着更方便一点。随着晓城渐渐长大,他开始想要拥有一个独立的房间,于是跟爸爸妈妈要求装上一个门,关上之后就可以拥有自己的一片天地。房间的门装上之后,晓城邀请明明来家里做客,于是他们把门关上,在房间里一起玩起了游戏。明明对晓城说:"有一种门永远也关不上,你知道是什么门吗?"

参考答案 足球门。

知识拓展

门是一个建筑物最重要的组成部分,它是人们进出这座建筑物的出入口。最开始人类生活在原始时代,所居住的场所是山洞,那时为了防止野兽的侵害,山洞的出入口通常用一个巨大的岩石挡住野兽的进入,以此来保证自己的人身安全。生活在现代社会的人们,门不仅可以保证自己的财产和人身安全,还有很重要的装饰作用。门的种类有很多,也由于门的产生,门锁的应用也是极其广泛。

27.整天咬牙切齿的东西

今天中午在学校吃午饭的时候,明明和晓城发生了争吵。两个人平时一直都形影不离，发生这样的事情老师也很是吃惊。原来是在吃饭的时候，明明不小心把自己的饭碗打翻了，恰好今天学校的饭菜放了很多的酱油，于是晓城的白鞋子上便沾上了很多的污渍。晓城特别生气，因为这双鞋是昨天过生日妈妈送他的生日礼物，第一天穿就遇到了这个状况，他咬牙切齿地让明明赔他新鞋子。明明也不是故意的，放学之后明明向晓城道歉，并答应他把鞋子拿回家帮他清洗干净，两人这才和好如初。明明说："你今天中午咬牙切齿的模样，让人觉得很恐怖，但是有一种东西，它们整天咬牙切齿的，你知道是什么吗？"

参考答案 拉链。

知识拓展

拉链是一种常见于衣服还有包包上面的小物件，它利用连续排列的链牙来完成物品的合并和分离。在拉链出现之前人们都是用蝴蝶结和布袋，或者是纽扣来固定衣服，拉链的出现并没有被当时的人接受，却是大量使用在军装上。但随着人民发现了拉链的方便快捷之后，便开始广泛使用。拉链被称为方便人民生活的十大发明之一。

28.如何让一张白纸在水上漂的时间变长

星期三的上午第三节课是明明每周最期待的手工课，在这堂课上，明明觉得自己能够学到很多生活中的小知识。上课铃声响了，只见老师端了一盆水来到教室里，还准备了好几张白纸。放下水盆，老师说："小朋友们，我给大家出一个小难题，请问怎么能够让一张白纸在水上漂的时间变长？"有的小朋友说把它揉成一团，有的小朋友说把它叠成好几层，但是老师都微笑着摇了摇头。

参考答案 把纸叠成小船。

知识拓展

折纸艺术是一项起源于中国的手工艺术，最早的折纸艺术大概可以追溯到公元583年，当时中国的和尚在去往日本的时候带去了大量造价昂贵的纸张，由于当时折纸技艺的交流是日本礼尚往来很重要的一部分，所以这项艺术就这样被传承下来。折纸艺术是一项极具想象力的艺术，同时还极其考验人的空间构造和数学运算，这样才能做出更有吸引力的作品。

29.干活先脱帽的东西

今天是班级里的大扫除日，但是明明今天穿了一身很平净漂亮的衣服来上课，还带了一个可爱的帽子，所以行动上有些缓慢。劳动委员看到明明总是懒洋洋的就来跟明明说：“明明，你抓紧时间拿着抹布去擦窗户，不要偷懒。"明明说：“好的，我脱了帽子马上去。”这个时候，晓城从旁边也过来擦窗户，他对明明说：“你知道什么东西干活必须要先脱帽子吗？”

参考答案 钢笔。

知识拓展

钢笔是人们用来书写文字的一种工具，发明于19世纪初，在1809年，英国颁布了第一批贮水钢笔的专利证书，标志着钢笔的诞生。钢笔是由笔尖和墨囊组成，笔尖是一个钢笔最重要的部分，一支笔写字是否流畅舒适全部都是由笔尖所决定的。笔尖有粗有细，每个人可以根据书写习惯，自由选择笔尖的粗细，一般日本地区钢笔的笔尖会比欧洲地区要细。

30.每天背着房子的动物

明明暑假一直期待着能够到乡下的老家去,这天明明跟着爷爷奶奶一起去田里,在路上看见一头特别大的牛在辛苦劳作,即便烈日当头,也一直在闷头往前走。这时候,爷爷对明明说:"明明,你知道吗?有一种动物,你说它是牛,但是它也不是牛,虽然它的力气很小,但是它却每天都背着房子,你知道这是什么动物吗?"

参考答案 蜗牛。

知识拓展

蜗牛是一种腹足纲陆生生物,也是一种包括不同科、属的生物,一般产卵于泥土中或者是树上。蜗牛是一种无脊椎软体动物,有着厚重的甲壳,头上有四个触角,当它走动的时候就会把触角打开。蜗牛也是世界上牙齿最多的动物,全身大约有上万颗牙齿,但是却不是"立体形"牙齿,所以无法咀嚼食物,因此,他们都是用齿舌来碾碎食物。

31.被拴住的老虎

明明和晓城都特别喜欢看《动物世界》,每到节目播出的时候,他们俩就准时坐在电视机前,感受这个变幻莫测的大自然。看到凶猛的老虎在激烈的捕食,明明问晓城:"假如把老虎用十米的绳子绑在一棵大树上,那么它怎么样才能吃到距离自己二十米远的青草呢?"晓城心想:"绳子只有十米,难道老虎要把绳子咬断吗?"

参考答案 老虎不吃草。

知识拓展

大自然也是一个变幻莫测的世界，想要在这个世界生存下去，就必须遵循适者生存、用进废退的原则。虽然是个残酷的社会，弱者会成为强者的盘中餐，但是每一种生物也都在为了生存努力练就一身本领，所以通常情况下被别的生物捕食的都是一些弱者，在漫长的进化之中，它们也把自己的生存技能发挥到极致，从而不被大自然所淘汰。

32. 第几名

学校一年一度的运动会正在如火如荼的进行着，明明和晓城所在的班级奖牌榜已经成为全校第一名。班里的同学们卧虎藏龙，在各种不同的项目上都获得了很好的名次，接下来的一场比赛就是明明和晓城一起参加的长跑比赛了。比赛接近尾声的时候，明明开始用尽全力往终点冲刺，当明明超过第二名的时候，请问他现在是第几名？

参考答案 第二名。因为他没有超过第一名。

知识拓展

运动会是一项特别有意义的活动，不管是在哪个群体，大家都可以组织相应的运动活动。比如每个学校每年都会举办一次校级运动会，人数较多的公司也会组织属于自己公司的运动会。当然还有更加专业的运动会，比如省级运动会、国家级的运动会，还有众所周知的奥运会，这些大型的专业运动会一般都是四年举办一次。

33.怎么给大熊猫拍出彩色照片

大熊猫全身都是黑色和白色的结合，尤其是眼睛周围的黑眼圈再加上它憨态可掬的样子赢得了很多人的喜爱，很多熊猫公仔也赢得了大家的追捧。但是大熊猫却从来拍不了彩色照片，因为自己身上的颜色每次拍出来都像是黑白照片，明明问晓城，你知道怎么才可以给大熊猫拍出一张彩色照片吗？

参考答案 让大熊猫伸出舌头，因为它的舌头是粉色的。

知识拓展

大熊猫是中国的国宝，属于国家一级保护动物，由于目前的存活数量较少，很多大熊猫都被圈养起来，这样可以进行有效的保护，也可以在一定程度上延长大熊猫的寿命。在中国境内有很多个大熊猫保护基地，虽然现在的大熊猫主要的食物是竹子，但是熊猫属于食肉动物，发起怒来具有一定的杀伤力。

34.犯人最喜欢的死法

明明和晓城学习法制教育课之后都有很深的感触。在这个法治社会，最重要的一件事情就是遵守这个世界的规则，当触犯到法律的时候就会受到法律制裁，有时候犯罪过程情节极其严重的时候有可能被处以死刑。晓城说："明明，我来问你一个问题，你知道被判处了死刑的犯人最喜欢的死法是什么吗？"

参考答案 慢慢老死。

> **知识拓展**
>
> 每个人的生命都是极其宝贵的，任何人都没有权利结束别人原本精彩的一生。但若是有人用特别恐怖的手段结束了别人的生命，那么他也有可能被法律结束自己精彩的一生。但有些国家的法律制度里没有死刑。

35.太平洋的中间

在我们这个美丽的星球上，面积最大的部分就是海洋，每一个见过大海的人都会感叹它的浩瀚无边。太平洋是这个世界上最大的海洋，漂泊在海洋上的时候，一望无垠的蓝色充斥你的整个眼眸。明明问晓城："晓城，你知道太平洋中间是什么吗？"

参考答案 平。

> **知识拓展**
>
> 太平洋是地球上最大的海洋，那为什么叫它太平洋呢？麦哲伦是历史上很伟大的航海家，在一次航行的时候，他和他的船员们遇到很强劲的暴风雨，于是他们打起精神突破风浪，来到了菲律宾群岛。从此后的一段旅程都没有再遇到风浪，原来他们已经进入了地球的赤道无风带，所有船员们都松了一口气，于是大家便称这片海洋为太平洋。

36.双黄蛋

明明的妈妈是一位特别注重养生的人，每天早上都要起来给全家人做一顿丰盛的早餐。明明每天都要给自己预留出充分的吃早饭时间，如果没有赶上吃早饭的时间，妈妈就会给他准备一个鸡蛋和面包。今天早上，妈妈给全家人煎了三个荷包蛋，爸爸妈妈和他各吃了一个蛋黄，但还剩下了一个蛋黄，请问这是为什么呢？

参考答案 因为三个鸡蛋里有一个双黄蛋。

知识拓展

早饭是一天中最重要的一餐，俗语有云："早上吃好，中午吃饱，晚上吃少。"所以一天之中的早餐不在于吃的量有多少，最重要的是要吃好，要营养均衡。中国人的早餐喜欢吃包子和油条豆浆，还有很多清淡的粥和咸菜也是很多人的选择，而西方的早餐更偏向于面包和牛奶。但是不管是哪种方式的早餐，能确保一天的营养和精力充沛就是最好的、最适合自己的早餐。

37.能够移动的山和海

在中国，有很多美丽的大江大河，巍峨的高山，浩瀚又壮阔的大海。这些都是值得用一生去探索的风景，俗话说：读万卷书，行万里路，身体和灵魂总有一个在路上。明明跟晓城说："我看过很多的山，我也在不同的地方看过海，比如黄山、泰山、鼓浪屿的海等。"明明说："你看到的这些山和海都是不能移动的，你知道什么山和海是能移动的吗？"

参考答案 人山人海。

知识拓展

中国有很多的美景会让人们感叹这大自然的鬼斧神工。在北方有美丽神秘的大兴安岭，那是一个没有被污染过的原始森林；还有北京这座文化聚集的瑰宝城市，万里长城的雄伟壮阔，故宫的庄严肃穆都令人称叹，更有各处壮阔的山峰，瑰丽的湖泊，黄山、华山、鄱阳湖、太湖等，还有山水甲天下的桂林。当然每到假期这些地方就会迎来很多的游客，用人山人海来形容这些地方的游客之多再贴切不过了。

38.最喜欢添油加醋的人

明明这次考试考砸了，整个学习排名从班级前十名掉到了二十名开外，老师很是为他担心，并找他去办公室里聊一聊。明明最近一段时间迷恋上了漫画书，每天上课都心不在焉的，所以面对老师的责问他一句话也没敢说。站在旁边的李婕是班里的小喇叭，大声跟老师说："老师，上课的时候明明经常看漫画书。"明明特别生气地说："李婕，关你什么事，你怎么总是喜欢添油加醋。"但是，这个世界上有一种人是最喜欢添油加醋的，请问你知道他是谁吗？

参考答案 厨师，因为这是他们做菜时的必要调味料。

知识拓展

吃饭大概是一天之中最重要的事情了，但是有很多人更喜欢做饭，他们觉得在厨房里忙东忙西是一件特别享受和放松的事情，而会做饭的人通常能在朋友之中获得更多的喜爱。其实厨师是一种特别富有想象力和创造性的职业，不同味道的融合形成一种全新的口味，将会给人带来全新的味觉体验。好的厨师能够轻松掌控不同的味道，在新的探索中保持各种味道的平衡，保证每一个菜都是色香味俱全。

39.不敢拿出来的鸭蛋

今天放学回家，晓城看到妈妈在厨房里忙碌着，迟迟不敢走近。妈妈一直在厨房里忙碌着所以也没有发现晓城已经回家了，等到自己去客厅拿水杯的时候才发现晓城坐在客厅的沙发上发呆。晓城看到妈妈，抬起头对妈妈说："妈妈，我的书包里有一个鸭蛋。"妈妈说："真的吗？那你拿出来，我一会把它跟青菜一起炒了。"但是晓城却不敢拿出来，请问是为什么？

参考答案 因为晓城书包里的鸭蛋是试卷上的"鸭蛋"，他害怕妈妈骂他而不敢拿出来。

知识拓展

肉蛋类食物是人类很好的营养来源，所以在需要补身体的时候，他们就派上了很大的用场，随着生活水平的提高，在日常的餐桌上也能看到肉类和蛋类的身影。鸡蛋中有很多的蛋白质，是很多人补充蛋白质的重要来源，但是鸡蛋中的胆固醇含量也很高，所以老年人不能够多吃。很多人喜欢吃溏心蛋，但是由于蛋黄没有凝固，说明温度没有达到可以杀死细菌的高度，所以从健康的角度上来说，不建议吃溏心蛋。

40.过桥的毛毛虫

下课的时候，明明和晓城跟其他同学在讨论毛毛虫。晓城问大家："有一个毛毛虫想到河那边的花园里安家，但是这条河特别的宽阔还没有桥，请问这只毛毛虫是怎么过去的？"李婕说："肯定是一只鸟儿带它过去的"，晓城摇了摇头。明明说："那么它就是潜伏在一个人的船上到了河对岸。"晓城说："不对，它是自己过去的，没有借助任何人的力量。"请问你知道它是怎么过去的吗?

参考答案 毛毛虫变成了一只美丽的蝴蝶飞过去的。

知识拓展

　　毛毛虫一般是一些昆虫的幼虫,比如说飞蛾还有蝴蝶。有很多的毛毛虫其实都是有毒的,它们身上有一些有毒的刚毛,人如果碰到这些刚毛皮肤就会出现红肿的现象。毛毛虫的种类繁多,经常活跃在树木茂密的地方,尤其是春天和夏天特别多。毛毛虫也可以作为钓鱼的饵料,大量饲养的鱼塘也可以把它作为鱼饲料。人类一般都不太喜欢毛毛虫这类幼虫,但是它们体内包含丰富的蛋白质,所以有些可以进行食用。

41.什么船不用下水

　　周末明明和爸爸妈妈一起去海边玩,大海无边无际,很多人都在冲浪。明明和爸爸也租了一个皮艇,快速冲起来的时候明明觉得特别的刺激,一点都没有害怕,结束之后爸爸夸赞明明特别勇敢,速度这么快竟然还能笑着大叫出来。爸爸问明明:"明明,每条船都可以在海里驰骋,或快或慢,但是你知道什么船是不会下水的吗?"

参考答案 宇宙飞船。

知识拓展

　　古代中国人就有探索月球的梦想,嫦娥奔月就是最好的诠释。宇宙飞船是一个运送人类和货物进入太空并能够安全返回的航空器。世界上第一艘宇宙飞船是前苏联的"东方1号"宇宙飞船,而中国第一艘宇宙飞船则是"神州1号"宇宙飞船,于1999年1月20日成功发射,近年来中国的航空航天事业也有了长足的发展。

42.最快的比赛方式

春天来了,明明和晓城一起跟爸爸妈妈去旅游,大家看到有骑马的项目就想体验一下。突然明明对晓城说:"晓城,我们骑马来一场比赛吧。以往的比赛我们比谁骑得快,这次我们就来比谁的马最慢怎么样?"晓城愉快地答应了。但是比赛持续时间太长了,到最后也难分伯仲。请问有什么办法可以让这项比赛尽快结束?

参考答案 两人骑上对方的马,比谁骑得快就可以了。

知识拓展

古时候在战场上,为了做到战车所用的马匹在战场上能够精准地移动,常对马匹进行各种技巧和协调性的训练,后来渐渐地发展成为专业的马术比赛。奥运会上的马术比赛分为三个项目:盛装舞步赛、障碍赛和三日赛三项,每一项都会产生一个团体冠军和一个单人冠军,共设置六个金牌,马术比赛也是一项男女可以同台竞技的比赛项目。

43.梅(没)花

春天来了,万物复苏,花朵也开始相继开放,每个人都脱掉沉重的棉衣,用轻松愉悦的心情来迎接这美好的春天。明明和晓城跟着爸爸妈妈一起出去野餐,大家准备了好多的零食和水果。明明和晓城在草地上放风筝,累了就躺在草地上休息。晓城说:"明明,前面有一片巨大的草地,猜一个植物,你知道是什么吗?"

参考答案 梅(没)花。

知识拓展

梅花是一种在冬天开放的花朵，一句"梅花香自苦寒来"激励了中国千千万万的人在面对困难的时候不断挑战自己的极限，让自己能够用更加坚毅的内心来完成每一个原本完成不了的事情。梅花跟兰花、竹子、菊花被称为四君子，跟松、竹又并称为"岁寒三友"。此外，梅花还有药用价值，可以化痰解毒，治疗许多疾病。

44. 关于水果的谜语

下课之后，明明和晓城进行了一场猜谜语比赛，每个人根据一个主题来出谜题，对方猜出来就能够获得胜利，出题的人就要在放学后请对方喝饮料。首先是明明出题目。草原上来了一群羊，请猜一种水果。第二个是草原上又来了一群狼，请猜另外一种水果。晓城很快就猜出了答案，因此明明放学需要请晓城喝饮料了。请问小朋友们猜到答案了吗？

参考答案 第一个谜底是草莓（草没），第二个谜底是杨梅（羊没）。

知识拓展

草莓和杨梅都是生活中比较常见的水果，一般在超市和水果市场都能看到它们的身影，但是它们都是季节性的水果，只在特定的时间段上市。草莓是在6月和7月成熟的水果，营养丰富，含有多种维生素被称为"水果皇后"。不同种类的杨梅成熟的季节是不同的，一般是在6~8月。杨梅含有的钙、磷、铁要超过其他水果好多倍，同时还有很高的药用价值，可以生津止渴，也可以帮助消食，治疗胃病。

45.关于海鲜的谜语

第二轮该晓城出题目了,晓城这一轮的题目主题是关于海鲜。第一个是:草原上有一只羊在吃草,这个时候有一只狼经过,它没有吃羊,请猜一种海鲜。第二个是:还是这只羊,第二只狼经过依旧没有吃羊,还要猜一种海鲜。第三个是:第三只狼又经过这只吃草的羊,这次羊的胆子变大了,对着狼又吼又叫,但是狼依旧没有吃羊,还是要猜一种海鲜。明明思考了好久都没有想到答案,因此放学的时候只能是晓城自己喝饮料了。小朋友,你猜出来了吗?

参考答案 第一个谜底是虾(瞎),第二个谜底是海虾(还瞎),第三的谜底是龙虾(聋瞎)。

知识拓展

海鲜是一种海洋生物,不管是植物性的生物还是动物性的生物都称作海鲜。植物性的生物主要包括一些海藻,比如海带、裙带菜等。动物性的海鲜生物主要包括鱼类、贝类还有虾类,它们都包含了丰富的营养物质。经常食用深海鱼类可以降低心脑血管疾病的发病率。虽然它们营养丰富,但是不适合多吃,因为很多海产品中含有毒素,吃多了会给肠胃增加负担。

46.光头叔叔

明明和晓城一起在小区专属的足球场踢球,但是只有他们两个人,所以两人只踢了一会儿便准备走了,不想回家的两人就去小区的公园转了一圈。公园里有一个人工湖,经常会聚集很多的人。突然听见有人大喊,一个小姑娘不小心掉进了湖里，幸好一位叔叔把那个姑娘救了上来，所幸没有出现什么大事。但是明明对晓城说："真的很奇怪，那位下水救人的叔叔头发怎么没有湿？"

参考答案 因为那位叔叔是个光头，没有头发。

知识拓展

每年都会有不少人不幸溺水，尤其是青少年儿童。俗话说："淹死的都是会游泳的。"虽然游泳是一项特别健康的锻炼方式，但是儿童在从事这项运动的时候一定要做好足够的安全措施，下水之前一定要做好热身运动。游泳技术不好的人要带好救生圈，如果是在学习游泳一定要在有大人监督的情况下才能进行。不然，悲剧的发生往往只是在一瞬间，一定要对自己负责，做好防范措施。

47.没有午餐吃的人是谁

明明的爸爸妈妈每天工作都很忙碌，早出晚归是常态，所以明明的中午饭只能在学校解决。但是大家的爸爸妈妈好像都是中午很忙，所以很多人一起在学校吃午餐也是一件很幸福的事情。明明每天都跟晓城一起吃午饭，有时候有零食的时候大家也一起分享。晓城说："明明，有一个人，他从来都没有午餐可以吃，你知道他是谁吗？"

参考答案 是免费，因为天下没有免费的午餐。

知识拓展

天下没有免费的午餐是一句西方的谚语。在中世纪的西方社会三餐中最受重视的就是午餐，早餐和晚餐都是简单吃一点，所以会用午餐来做比喻。这句话的意思是：没有能够不劳而获的东西，你想要什么只能自己去奋斗争取。

相传有一个英明的国王，在他的领导之下他的所有子民都过上了衣食无忧的生活。深谋远虑的国王担心自己死后大家的生活没有保障，于是召集全国的谋士商讨一个能够让所有人永远安定生活的法则。三个月后，一位学者呈上了三本书，对国王说："只要人民能够读完这三本书，就一定能拥有幸福生活。"国王觉得大家肯定都没有信心看完三本书，于是让学者重新寻找方法。两个月之后，学者把三本书凝缩成一本书呈给国王，国王依旧不满意。一个月之后，学者把一本书的内容又凝缩成一句话对国王说："只要人人能认真践行这句话，就一定可以过好这一生。"国王很满意，给学者很丰厚的奖励，那句话就是："天下没有免费的午餐。"

48.只关两周的犯人

晚饭之后，爸爸跟明明出门散步，路上爸爸对明明讲："明明，你知道吗？每一个犯了错误的人都要根据自己犯错误的程度受到相应的惩罚。"明明说："我知道，就好比触犯了国家的法律，不同的犯罪情节会承担不一样的惩罚方式。"爸爸对明明的回答很惊讶，明明说："学校给我们上了法制教育课，那么爸爸，有一个杀人犯和一个偷窃犯在同一天进了监狱，但是偷窃犯要在监狱里度过两年的时光，为什么杀人犯只待了两周呢？"

参考答案 因为两周之后，杀人犯要被执行死刑。

知识拓展

法制社会对于绝大部分人来说是安全的保证，但是仍旧有一部分人为了心中的某些执念铤而走险，走上了那条永远不会翻身的路。虽然有一些人他们是因为生计的原因不得不走上了那条路，但是任何理由都不能成为触犯法律的借口，只要年轻有活力，只要还能用自己的双手挣钱吃饭，就永远不要被自己过高的欲望支配自己的内心。

49.奇怪的裙子

有一天，明明回到家发现只有爸爸在家，但是爸爸却穿着妈妈经常穿的裙子在忙东忙西。明明很好奇地问爸爸："爸爸，你怎么穿着妈妈的裙子呀？"爸爸说："这条裙子虽然是妈妈一直在穿，但是爸爸也是可以穿的。"请问这是一条什么样的裙子？

参考答案 围裙，因为妈妈不在家，爸爸穿上围裙准备做饭。

知识拓展

围裙是做饭的时候穿在身上用来阻挡脏东西的一件厨房用具。相传围裙还有一个美丽的传说：寒冷的冬天，农夫张良在野外发现一只瑟瑟发抖的小白狗，于是便把它抱回家细心喂养。几天后，张良从田里回到家发现桌子上已经有做好的饭菜，他很惊奇，而且一连几天都是这样，张良去问邻居，邻居们都说不是他们做的。于是张良去田里干农活的时候提前回家，发现家中有一位姑娘，原来姑娘是那只他救回来的小白狗。从此，小白狗便成为张良的妻子，而那只白狗精变成原形的白狗皮也被张良裁剪变成了姑娘的围裙，一直流传下来。

50.比你先到家

放学的铃声终于打响了，明明和晓城背着书包一路打打闹闹地回家了。在走到明明家的时候，晓城说："明明，你知道吗？不管你走得多快，总会有一样东西比你先到家？"明明说："你不要吓我，今天爸爸妈妈都要加班，怎么可能会有人比我先到家？"晓城一脸坏笑地看着明明，你知道是怎么回事吗？

参考答案 钥匙。

知识拓展

在原始社会中，用来挡门的通常是一块巨大的石头，但是那个时候的石头是用来挡住野兽的，并不是为了阻挡小偷。当私有制开始出现的时候，由于财产的差异开始出现，小偷便开始出现，于是锁就产生了，由此钥匙也开始出现。据说鲁班是第一个开始给锁设计机关的人。经过长时间的发展，钥匙和锁在现代社会开始发生了巨大的变化，出现了智能锁，人们可以用指纹，用自己的脸来作为自己门锁的钥匙。

51. 长出了翅膀

小时候，每个小朋友都有一个长出翅膀的愿望，因为那样不仅可以像天使一样美丽，还能在天空中自由自在地飞翔。有一天，明明问晓城："晓城，有一天早上醒来，突然发现自己长出了一双翅膀，你第一件事情是要做什么？"晓城想："长出了翅膀肯定要飞上天际，看看天有多高，地有多远。"明明焦急地对晓城说："不行，这不是最应该做的事情。"

参考答案 赶紧去医院。

知识拓展

翅膀是昆虫和鸟类飞行的器官，对于人类来说，翅膀只是一个幻想，也是一个美好的寄托。人类一直都有一个飞向天空的愿望，也曾经有过多次尝试。如今,翅膀也演变成了一个励志的代名词,每个人心中都希望自己能够坚强地飞翔,不惧怕任何的困难。

52.不吃饭却健康成长的弟弟

周末的时候,爸爸妈妈都有事情出去了,只有明明和晓城在家,中午的时候,他们俩都觉得很饿,于是只能找找家里有没有零食可以暂时充饥。晓城说:"我小姨有一段时间连续好几个月都没有给我表弟做饭,但是他还是健康的长大了,你知道为什么吗?"

参考答案 因为那个时候他还在妈妈的肚子里。

知识拓展

生命的延续是一件特别神奇的事情,每个人从诞生的那一刻开始就已经让父母操碎了心。漫长的十个月的孕期就已经让妈妈很受折磨,从孩子生下来的那一刻是更加忙碌的开始。父母养育我们长大,教育我们做一个正直的孩子,养成良好的生活和学习习惯,做一个积极向上的好孩子。因此,孝敬父母是每个人最基本的美德。

53.猫和老鼠

周末时光,明明和晓城做完作业在家里看电视,《猫和老鼠》是他们特别喜欢看的一部动画片,每次看见汤姆猫被杰瑞整得惨兮兮的,他们俩就会哈哈大笑。晓城对明明说:"有一只猫,它的肚子特别的饿,所以它迫不及待地寻找食物,但是为什么看见了一只老鼠之后,它拔腿就跑呢?"明明说:"难道它也碰到了一只像杰瑞这么聪明的老鼠,所以被吓跑了?"

参考答案 因为拔腿就跑是为了捉到老鼠。

知识拓展

《猫和老鼠》是一部小朋友很喜欢的动画片，由美国米高梅电影公司制作，上演了一对互为天敌的冤家互相伤害又啼笑皆非的故事。但是猫为什么喜欢吃老鼠呢？那是因为猫是夜行动物，为了能够在夜间有很好的视力，它需要补充足够的牛磺酸，而老鼠的体内就含有大量的牛磺酸。

54. 拥有七条命的人

明明要给晓城讲一个故事："有一个人跋山涉水想找到上帝，实现自己的愿望。找到上帝之后，上帝问他：'我可以实现你一个愿望，你现在说出来的愿望都满足你'这个人想了一会说：'据传说猫都有九条命，那么也请您赐我九条命吧。'有一天，这个人想试验一下上帝到底有没有满足它的愿望，于是躺到了铁轨上，但是他却死了，没有活过来，请问这是为什么呢？"

参考答案 因为驶过的那列火车的车厢超过了九节。

知识拓展

传说猫是有九条命的动物，《佛经》语录中也有写道：猫命有九，系通、灵、静、正、觉、光、精、气、神。但是事实上猫并没有九条命，只是猫在很多时候的行为超出了人类的想象，从高处落下总能灵活地调整好姿势落地，即使受伤了也能够用喉头发出的震动帮助自己疗伤。这样，总是给人一种有很多条命的感觉，但其实它们也只有一条命而已。

55.蚯蚓死了

生物科学课上,老师讲到了很多的动物和植物,有生活中常见的,也有一部分是明明从来都没有见到过的。但是明明却对蚯蚓印象深刻。因为,周末的时候爸爸经常带着他去郊外钓鱼,每次用的鱼饵都是一条一条的蚯蚓。老师说:"蚯蚓有着顽强的生命,当你把它切成两段的时候,它依旧可以顽强地活下去。"但是明明按照老师的这番话把蚯蚓切了,过了一段时间,蚯蚓却死了,请问这是为什么?

参考答案 因为明明切蚯蚓的时候是竖着切的。

知识拓展

蚯蚓对于地球来说是一种特别重要的生物,每个地方的土地里都有蚯蚓的身影。全世界有两百多种蚯蚓,每个种类的蚯蚓在长相和生活习性上都有或大或小的差别。蚯蚓可以帮助土地松土,保持土地的透气性,改善土地质量。蚯蚓也可以入药,在中药中,蚯蚓的名字叫作地龙,有清热利尿的作用。

第三章

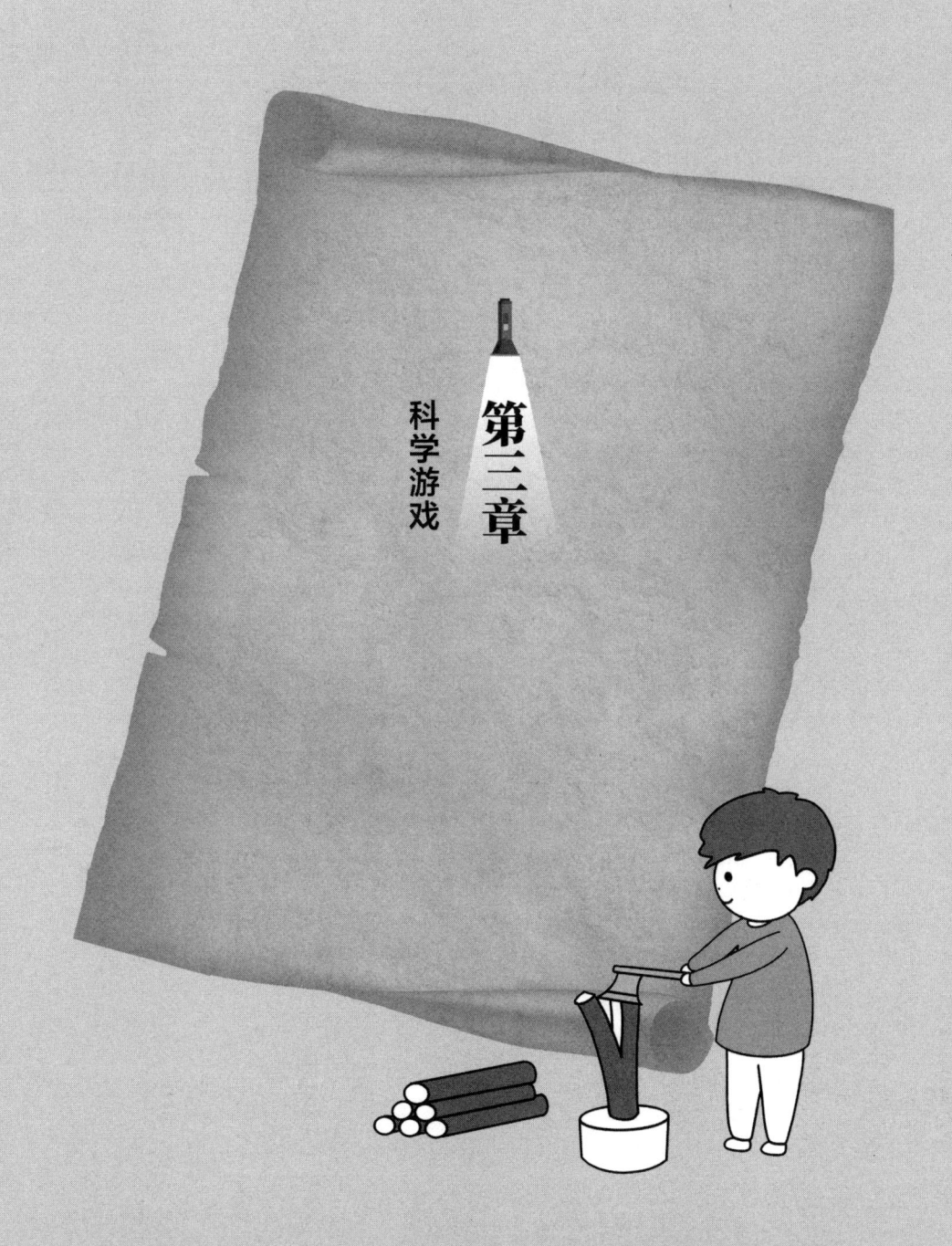

科学游戏

56.空杯子先凉了

实验目标

由于物质的比热和热量的关系，我们将空杯子和装了水的杯子放在冰箱里，空杯子先凉。

实验材料

两个玻璃杯、水、冰箱

实验操作

首先在一个玻璃杯中注入适量的水，然后与另一个空玻璃杯一起放入冰箱。

等待20分钟之后，从冰箱里取出两个玻璃杯。摸一摸这两个杯子，我们会发现空玻璃杯比装了水的玻璃杯要冷得多。

科学原理

这个游戏揭示了比热和热量的现象。比热，也就是比热容，是单位质量物质的热容。热量是当热力学系统与外界之间或热力学系统各部分之间存在温度差时，其间传递的能量。空杯子看起来里面什么东西也没有，其实充满了空气。空气的比热比水的比热小，所以会比水更快地释放出能量。而与空气相比，水可以将热量储存起来，从而使得杯子的温度不会下降得太快。所以，正如我们所感觉到的那样，空杯子先凉了。

小游戏

烧不坏的钞票

我们用火柴试着点燃被酒浸泡过的钞票，虽说火焰猛窜，但没有关系，钞票不会燃烧起来。把钞票在酒中浸湿；再用干燥剂干燥；放在烟灰缸中点燃；火焰虽然熊熊，但熄火后，钞票却没有烧着。这个游戏阐述的科学原理：液体与固体变为气体时叫作气化。在这个小实验里，钞票上沾的酒迅速气化然后被燃烧了，所以钞票安然无恙。

57.水火并存

实验目标

我们利用冷却现象，可以呈现水火并存的奇景。

实验材料

蜡烛、大头铁钉、大玻璃瓶、水、火柴

实验操作

首先向大玻璃瓶中注入适量的水。

再把铁钉插入蜡烛的底部，以固定好蜡烛。

这时把蜡烛放进水里，只留一小部分在外面，然后用火柴点燃蜡烛。

过一会儿，我们会发现，尽管水面上的蜡烛已经渐渐燃尽，但是蜡烛的火焰却没有熄灭，仍然在水中继续燃烧。

科学原理

这个实验呈现了冷却这一现象，冷却指物体的温度降低或使物体的温度降低的现象。蜡烛燃烧形成的蜡液经水冷却后构成了一层很薄的外壁，这层外壁将水和火焰隔离开来，这样火焰遇水时就不会熄灭，而是继续燃烧。因此，我们就能看到水火并存的奇景了。

小游戏

水逆流而上

俗话说"人往高处走，水往低处流"，实验却有办法实现"水往高处流"这一奇迹，我们也可以做这个小游戏。装满一瓶红色的热水；把冷水瓶倒置过来对在热水瓶上；迅速抽出蜡纸。这个游戏揭示的科学原理：和冷水相比，热水的相对密度要小一点，也就是说，同体积的热水是比冷水轻的。较轻的热水在连通的容器里上升，较重的冷水沉下来补充，就形成了冷热对流。这样就出现红水向上流的现象。

58.水沸腾的温度

实验目标

由于水沸点的定律，即便水在100℃以下也是可以沸腾的。

实验材料

试管、比试管短的温度计、塑料袋、小冰块儿、水、橡皮塞、长木夹子

实验操作

首先在塑料袋中放入几块小冰块儿，然后在塑料袋口打个结，封紧袋口，放置一旁备用。

在试管内注入四分之一的水，并把温度计倒放在试管内。

加热试管，并不时地摇动试管，以避免水突然沸腾，造成意外。水滚开后，继续加热几分钟。然后趁试管口冒白烟雾时，用橡皮塞轻轻盖在试管上，压紧橡皮塞，并把火焰熄灭。

用木夹子夹起试管，压紧橡皮塞，然后倒立试管，用事先准备好的装有冰块儿的塑料袋包住试管顶部，这时可以看见原本停止沸腾的水又冒泡了，再次沸腾起来。此时观察一下温度计的温度，发现温度不到100℃。

科学原理

这个实验揭示了沸点的现象，沸点即在标准大气压下使液体沸腾的温度。在标准大气压下，每种液体的沸点是固定的。液体的沸点受到压力影响，压力越大，沸点越高；反之，压力越小，沸点就越低。这个实验先加热试管使水沸腾，让水蒸气充满在密封试管的空间中，再用冰水袋包住试管，让水蒸气凝结成水，造成试管内低压状态。而且水袋越冷，试管内压力越低。这样即使没有达到100℃，试管内的水也可以沸腾。

小游戏

冰花

我们把玻璃片放在热水盆旁,直到水汽沾满玻璃;把玻璃片放入冰箱,几分钟后,拿出玻璃片;玻璃片结了层白色的冰花。这是为什么呢?当玻璃外面的气温低于0℃时,房间内的水汽一遇到玻璃的低温就凝结成冰,也就是我们看到的冰花。先让玻璃靠近热水,使它上面附着水汽,再放进冰箱,让玻璃上的水汽遇冷而迅速凝结成冰,就是按照冰花形成的原理来制作的。

59. 煮不开的水

实验目标

一般而言,在标准大气压下,水会在100℃沸腾,但有时因液体的现象,即便持续加热,水也不会沸腾。

实验材料

玻璃杯、锅、电炉、水

实验操作

首先在锅里放入适量的水,把玻璃杯放在锅里,然后在里面也注入水。

把锅放在电炉上加热。

过一会儿,锅中的水就会沸腾起来,但是杯中的水却没有沸腾。

科学原理

这个实验呈现的是液体现象，液体是四大物质形态之一，它没有确定的形状，往往受容器影响。但它的体积在压力及温度不变的环境下，是固定不变的。锅中的水的温度上升较快，所以加热一会儿后就达到沸点。而杯子里的水由于有杯子的阻隔，所以温度上升较慢。因此，当锅中的水沸腾时，杯子中的水还没有达到100℃。而当锅中的水沸腾后，就会持续把热量供给水蒸气，以保持它们从液体变成气体，所以锅中的水总是不会比100℃高，也就无法传给杯中的水100℃以上的温度。因而，杯中的水在锅中的水没有蒸干之前就不会沸腾。

小游戏

容易溶化的糖果

我们把两块糖用线栓起来；在手中调整线的长度，使A比B短；把C糖扔入一杯水中，在另外两杯水里，A悬在水面，B悬在水中；A完全溶解了，B溶化的速度第二，C才溶化了一小部分。这个游戏揭示的科学原理：糖块在水中的位置越低，溶化速度越慢；糖块吊得越高，溶化速度就越快。因为糖在水中的溶解主要靠对流。沉入水底的糖溶化后，形成密度比较大的糖溶液，令水的对流减慢。而吊在水面的糖，由于糖水比清水重，糖水下沉，清水上升，形成对流。糖的位置越高，水对流的范围越大，糖就越容易溶化。

60. 小勺子一点儿也不甜

实验目标

我们把糖放在水里搅拌，糖会很快溶化，变成糖水。那加热糖水的时候，水蒸气却没有一丝甜味。

实验材料

白糖和水、小勺子、电炉、锅

实验操作

首先在锅里放入一些糖和水，用小勺子搅拌均匀，制成糖水，然后把糖水放在电炉上加热。

将糖水加温至沸腾之后，把小勺子放到糖水的蒸汽中。

让小勺子冷却一小会儿后，尝尝小勺子上有什么味道，结果发现小勺子一点儿也不甜。

科学原理

这个实验揭示的是水蒸气的现象。水蒸气也叫蒸汽，是气态的水，常压下液态的水加热到100℃时就开始沸腾，迅速变成水蒸气。实验室中的小勺子不甜，是因为小勺子上面只有水分子，而没有糖分子。因为加热时，水受热变为水蒸气。水蒸气遇到冷的小勺子时，其微粒的运动速度就会减小，微粒间的吸引力就会增大。于是，这些微粒聚集在一起，在勺子上重新形成液态的水。而糖分子则会继续留在剩余的糖水中，所以小勺子一点儿也不甜。

小游戏

眼镜起雾了

我们在干净的玻璃片中间涂一层薄薄的洗涤剂；把涂有洗涤剂的玻璃片上一面朝下，放在盛有开水的暖瓶口上方；几秒钟后，没有涂洗涤剂的一部分布满水珠，所以在眼镜上涂上薄薄的洗涤剂，你就不会为眼镜"起雾"而烦恼了。这是因为水蒸气遇冷会在玻璃片上凝结成许多小水珠，这些小水珠在表面张力的作用下收缩成半球形或球形，使光线散射，所以视觉效果就不清楚了。洗涤剂能降低水的表面张力，使水蒸气不能凝结成小水珠，只是紧贴玻璃形成一层均匀的水膜，所以玻璃片看上去仍是透明的。

61.可以看见的声音

实验目标

利用声音声波的特性，我们可以通过这个实验看见"声音"的模样。

实验材料

气球、橡皮筋、剪刀、小镜子、胶水、空易拉罐

实验操作

首先去掉易拉罐的两端。

再把气球吹大，用橡皮筋将气球扎紧，粘在罐子的一端。

用胶水把镜子粘在气球上。

把做好的东西放在阳光可以照射到镜子的地方，移动罐子，直到反射的光线投射在墙壁上。

最后对着罐子开口的一端说话、唱歌。观察墙上的光线，我们可以发现自己发出的声音使反射光线发生了位置移动。

科学原理

声波是物体的振动在空气、水、钢管、地面等介质中传播的一种波。声波是一种机械波，是纵波，起源于发声体的振动。声音是靠声波振动来传播的，由于罐子上的橡皮筋吸收了声波的振动后开始振动，从而引起反射器即小镜子也发生振动，由此造成了墙上反射光线的移动。

小游戏

与声音亲密接触

我们先准备一米长的细绳子，铁勺。首先把铁勺拴在细绳子的中间，再把绳子的两端分别缠绕在双手的食指上，让绳子多缠几圈。把食指塞进耳朵里，让小朋友帮忙，用勺子碰撞坚硬的物体或墙壁，等勺子落下来把线拉直时，我们就会听到敲钟式的声音。这个游戏揭示的科学原理，当铁勺碰撞到坚硬的物体时，铁勺就会振动，接着我们就会听到声音。但是，我们的耳朵感受到的振动不是通过空气传播的，而是通过绳子和手指传到自己的耳膜里去的。通过这个小游戏，我们可以知道声音不仅能够在空气中传播，还可以在固体和液体中传播。

62.真空中的铃铛一声不响

实验目标

通过真空的原理，我们在不破坏铃铛的情况下，让铃铛变得一声不响。

实验材料

同等大小的两个铁制圆筒、胶塞、铃铛、酒精灯、铁支架、水

实验操作

首先取下两个铁筒的上底，换上胶塞，要保证塞上胶塞后，铁筒不漏气。然后在每个胶塞的下面系一个小铃铛，用塞子塞紧筒口。

摇动铁筒，我们会听到两个铁筒中都发出了清脆悦耳的铃铛声。

这时取下其中一个铁筒的胶塞，向筒中注入少量的水。把铁筒放在铁支架上加热。

最后等大部分空气排除后，快速塞紧胶塞，再把铁筒放入冷水中冷却，然后摇动铁筒，就听不到铃声了，而摇动另一个铁筒却仍然可以听到铃声。

科学原理

真空是压强远远小于大气压强的空间。空间里的气体越稀薄，压强就越小，而当气体足够稀薄时，这个空间就可以认为是真空了。当加热后的空气全部排出后，把密闭的铁筒放入冷水中冷却，这样铁筒内就形成了真空，所以再摇动铁筒就听不到铃声了。这个实验说明声音可以在空气中传播，但在真空中是不能传播的。

小游戏

二重奏

我们先准备两个红酒玻璃杯、一根细铁丝。我们首先把两个玻璃杯并排放在桌子上，距离近一些，但不要彼此接触到，把细铁丝搭在其中的一个杯

子上。用香皂把手洗干净，然后用潮湿的手指在那个没有细铁丝的玻璃杯沿上轻轻的划动。认真听，我们就会听到一种持续响亮的声音。同时，仔细观察搭在玻璃杯上的细铁丝，它会随着声音轻微的振动。这个游戏揭示的科学原理：当我们的手指轻轻在玻璃杯边沿划动时，玻璃杯由于受到冲击开始振动，这种振动传给了周围的空气，也会传递在第二个杯子上，于是我们就看到了细铁丝的轻微振动。如果把这个游戏用一句话表示的话，那就是酒杯和声的现象也是由于空气的振动而产生。

63. 小喇叭

实验目标

由于声音传播速度与媒质密度的关系，我们可以用气球制作一个喇叭，让它发出的声音音量更大。

实验材料

气球、细线

实验操作

首先吹好气球，用细线将气球的吹口处扎紧。

然后把气球放在胸前，轻轻敲击气球，听听所发出的声音，记住声音的大小。

最后让气球靠近耳朵，用同样的力气轻轻敲动气球的另一边，我们会发现自己所听到的声音，比上次敲击的声音更大。

科学原理

声音传播速度与媒质密度的关系，一般情况下，媒质的密度越大，声音的传播速度就越快；相反，媒质的密度越小，声音的传播速度就越慢。这个实验正是涉及了声音传播速度与媒质密度的关系。当我们吹气球的时候，我们的肺把许多空气压入了气球，因此，气球里的空气密度比气球外面的空气密度要大，因而里面的空气比外面空气的传声效果更好。所以，我们靠近气球时听到的声音比耳朵离开气球时听到的声音更大。

小游戏

专属麦克风

我们先准备材料：三根铅笔芯（两根长的、一根短的）、导线、小纸盒、剪刀、电池、耳机。我们首先用剪刀剪掉小盒子上方的盒盖，用剪刀在纸盒的前后两端各钻两个小孔，然后用两根长铅笔芯穿进小孔，两根铅笔芯基本平行。把短铅笔芯横架在两根长铅笔芯上，这样一个简单的麦克风就做好了。把做好的麦克风同时接上导线和电池，并与准备好的耳机连接在一起，让另外一个小朋友戴上耳机，我们对着小纸盒说话，耳机里就可以听到声音了。这个游戏揭示的科学原理，铅笔芯是由石墨做成的，石墨能够导电，接上电池后就会有电流通过，当我们对着纸盒说话的时候，纸盒底部就会震动。这样就会改变笔芯间的压力，电流变得不均匀。电流的不稳定造成了耳机中声音的振动，这样另外的小朋友就可以听到声音了。

64.人体可以当电池

实验目标

通过这个实验,我们可以知道人体也是可以用来当电池的,揭示了电池的工作原理。

实验材料

铜板、铝板、砂纸

实验操作

首先用砂纸分别摩擦钢板与铝板。

然后用摩擦过的这两片金属板夹住舌头。

最后在与金属板接触的瞬间,舌头会感受到苦味,并有麻麻的感觉。

科学原理

电池是将化学能或光能等直接转换为电能的装置。电池有化学电池、太阳电池、温差电池和核电池等。钢板和铝板与砂纸摩擦后,都会带电。在这个实验中,只要有两个电极及唾液,就可以做出不错的电池。做成人体电池后,流通的电流会刺激舌头上的味蕾,使人觉得有苦味,并且麻麻的。

小游戏

转动的吸管

用纸包上吸管,上下反复撸几下;将吸管接近墙面;吸管在墙上滚下来了。

这是利用了摩擦吸管产生静电的原理，吸管在带电的状态下贴近墙壁，墙壁上会产生正电荷，墙壁对吸管有一定的吸引作用，使吸管贴在墙壁上滚下来了。

65.用柠檬做成电池

实验目标

通过电池中离子和电流的特性，我们可以用柠檬做成电池。

实验材料

柠檬、小刀、剪刀、铜片、铝片、导线、砂纸、胶带、小灯泡

实验操作

首先用剪刀剪出相同尺寸的铜片及铝片，用砂纸磨干净表面的污垢及锈迹。

将柠檬一切两半，备用。

把导线分别缠绕在铜片和铝片上，然后用胶带粘好，插入对切的柠檬中间，铜片与铝片的顺序要错开。

最后用导线接上小灯泡，我们会发现小灯泡亮了起来。

科学原理

离子是失去或得到电子后的原子或原子团。电流指的是电荷的定向流动。一般而言，产生电流的条件是，存在着可以移动的电荷和推动电荷移动的电场。柠檬汁是一种电解质，可以溶化金属。我们将铜片及铝片插入柠檬

汁中，铝就会溶出带正电的离子。因为铜比铝稳定，所以铝片带负电，铜片则带正电。这时连上电线，电路就会被接通。不过因为柠檬汁中的电流极弱，所以要并列数个以增强电流。

小游戏

自制通报器

把金属片剪得比邮箱底小一点，将A端弯曲。A、B各钻洞连上导线；用绝缘胶带把A固定在报箱中、距信件入口10厘米；B片在A片下5毫米处固定好，再把两条导线引出邮箱，串联在小灯泡和电池上；这样就成功了。把报纸投入时，小灯会亮起来。之所以出现这样的现象，是因为当报纸落入邮报箱时，压在金属片A上，它弯曲的一端就与金属片B相接，电路中形成回路，小灯泡就亮起来了，当把报纸取走后，金属片弹开，电路就断了，灯泡也不亮了，这实际上是靠信件的有无，决定邮报箱里的电路是通还是断。

66.跳动的小球

实验目标

这个实验通过小球一会儿靠近电视机屏幕，一会儿又远离电视机屏幕，展现静电现象。

实验材料

电视机、塑料小球、结实的棉线、胶带

实验操作

先用胶带将塑料小球粘在棉线上。

然后打开电视机,将小球靠近电视机屏幕。我们会发现,小球被吸到了屏幕上。

但是过一会儿,小球就又跳离了电视机的屏幕。

科学原理

静电是指分布在电介质表面或体积内,以及在绝缘导体表面处于相对静止状态的电荷。带电物体能够吸引轻小物体。小球没带电,却能被电视机的屏幕吸过去,由此说明电视机工作时,它的荧光屏表面带有静电。当小球与屏幕接触后,屏幕上的电荷就传到了小球上,于是,小球就与屏幕带有同种电荷。由于两种电荷相互排斥,所以小球就又跳离了屏幕。

小游戏

不会掉的纸片

让小朋友动手尝试,用吸管去吸小纸屑。通过与自己身体或衣服摩擦产生静电,初步感知了摩擦起电的原理。但是孩子们在探索中发现了一个问题:"只要将物体进行摩擦就会将纸片吸起来,如果没吸起来是摩擦时间不够"。让小朋友用其他物品去摩擦吸小纸屑,是不是所有的物品都可以通过摩擦吸起小纸屑,通过对比法寻找答案。

67. 小小降落伞

实验目标

我们利用物体流体力学的原理，可以自己制作一个小小降落伞。

实验材料

手帕、结实的细线、剪刀、橡皮泥、胶带

实验操作

首先把细线剪成四根一样长的线。

然后在手帕的四个角上用胶带分别粘好一根细线。

把四根线集中在一起，用胶带粘好，然后在上面粘一块橡皮泥，当做降落员。于是，小小降落伞就做成了。

最后把做好的降落伞扔向空中，可以看到手帕逐渐展开，降落伞慢慢降落到地面上。

科学原理

流体力学是力学的一个分支，主要研究流体本身的静止状态和运动状态，以及流体和固体界壁间有相对运动时的相互作用和流动的规律。在流体力学中，阻力是物体在静止流体中运动时，流体对物体的总作用力在物体运动相反方向的分力。物体降落时，会遇到空气阻力的拦阻。但是，物体所受到的空气阻力一般情况下都比较小，因而物体仍然会很快掉到地面上。而降落伞张开的时候，接触面积非常大，因而就有大面积的空气去推阻它，它就会慢慢地降落。

小游戏

自制热气球

首先用细铁丝圈成一个跟塑料袋口大小相同的环，铁环中间要做成一个尖突起；用透明胶把铁环粘在塑料袋开口处，塑料袋要把铁环裹在内侧，中间的尖突起要朝向袋子里面；用棉花沾上少许煤油，固定在尖突起上，用火点燃；塑料袋慢慢变鼓，哇，飞起来了。之所以出现这个现象，气球飞起来是因热空气上升，冷空气下降的对流缘故，塑料袋中的空气被持续加热，体积变大，重量变轻，最终飞向天空。

68. 摔不死的蚂蚁

实验目标

我们利用物体重力的原理，可以发现哪怕把一只蚂蚁从高处狠狠摔下，它也安然无恙。

实验材料

小蚂蚁、白纸

实验操作

首先在地上铺好白纸，然后抓一只小蚂蚁。

把小蚂蚁放在手中。举起手，对准白纸，用力摔下小蚂蚁。

小蚂蚁落在白纸上。认真观察，我们会发现小蚂蚁完全没有损伤，安然无恙。

科学原理

重力指的是物体在行星、卫星等天体表面或其上空所受的该天体的引力。其大小和方向主要由万有引力定律决定。小蚂蚁不怕摔，是因为小蚂蚁在下落过程中受到了空气的阻力。所有的物体下落时都要受到空气阻力的作用，物体越小，其表面积大小与重力大小的比值越大，即阻力越容易与重力平衡。对于小蚂蚁来说，其阻力与重力接近于平衡，因而小蚂蚁下落的速度很慢，不致摔死或摔伤。

小游戏

不容易倒下的瓶子

首先准备三个药瓶，一个空着，另一个加入一半的沙子，第三个加满沙子；拧紧盖，三个药瓶并排立在书上，将书倾斜一定角度或稍加晃动；我们会发现最先倒的是装满沙子的与空的药瓶，半瓶沙子的最不容易倒下。三个药瓶与书接触的底面积相同，但重心越低的就越能保持稳定。半瓶沙子重心偏低，不容易因外力而倒下，装满沙子的与空的药瓶重心都在中间位置，相对容易倒下。

69.不漏水的塑料袋

实验目标

利用聚乙烯的特性，用铅笔尖在装水的塑料袋上戳一个洞，袋里的水居然没有流出来。

实验材料

透明塑料袋、铅笔、长方形托盘、水

实验操作

首先拎着装有水的塑料袋子,手捏住塑料袋口,将长方形托盘放在塑料袋的正下方。

然后一手拿着铅笔,用尖锐的笔尖快速穿透塑料袋。让铅笔留在袋子上,袋子没有漏水。

最后取下铅笔,水就会从铅笔穿过的洞里流出来,流到长方形托盘中。

科学原理

聚乙烯是高分子有机化合物,由乙烯聚合而成,分为低分子量和高分子量两种。塑料袋是聚乙烯制成的,聚乙烯是聚合物。当铅笔刺进塑料袋时,聚乙烯分子虽然会移开,但这些分子依旧紧紧围在铅笔的四周。所以,水没有流出来。只要铅笔留在塑料袋上不动,塑料袋就不会漏水。

小游戏

美丽的肥皂花

吹个肥皂泡放在锡箔花中央,锡箔花的花瓣会自动抬起来,银白色的花簇拥着七彩的肥皂泡,非常美丽。首先剪一个直径8厘米大的六瓣锡箔花;把木塞放在盘中;再把锡箔花浸泡在肥皂液中,放在木塞上使花瓣下垂;把吸管的一端剪成四瓣,用它吹个大肥皂泡泡;最后把肥皂泡放在花心中,低垂的花瓣就会抬起来,吸附在肥皂泡上。肥皂泡表面的薄膜具有一定的牵引力，当把肥皂泡放在锡箔花的中心时，这种牵引力就把花瓣拉起来了。

70.丝绸上的油渍

实验目标

利用分子结构和挥发性的特点，我们可以用甘油洗去丝绸上的油渍。

实验材料

丝绸、有盖子的广口瓶、甘油、花生油、棉签

实验操作

用棉签蘸一点儿花生油，然后滴在丝绸上面。

在广口瓶里倒入一些甘油，然后把丝绸放进去，拧紧瓶盖。

将广口瓶拿起来摇一摇。

半个小时后，把丝绸取出来，我们会发现，丝绸上的油渍全消失了。

科学原理

分子结构是原子在分子中的成键情形与空间排列。分子结构对物质的物理与化学性质有决定性的关系。挥发性是指化合物由固体或液体变为气体或蒸气的过程。当我们把丝绸放入广口瓶的甘油中，丝绸便会很快沾上甘油。但是甘油的分子结构极不稳定，因而它的挥发性很强。当从广口瓶的甘油中取出丝绸时，甘油的分子便很快从丝绸上挥发到空气中，而丝绸上的油渍也会被甘油的分子一起带走。

小游戏

巨大的肥皂泡

用金属丝衣架，可以做出巨大的肥皂泡泡，大泡泡还会包着小泡泡。先将金属衣架弄成圆形，用胶带包在圆圈上；在盆中放入1升水、100毫升清洗剂和500毫升洗涤剂；把衣架放出盆中，慢慢向上提；做出巨大的泡泡。关键在于洗涤液的放入，只不过在硬水的条件下，实验不容易进行，自来水通常是硬水，用蒸馏水就比较容易成功。

71.杂乱无章的烛烟

实验目标

由于布朗运动的原理，蜡烛熄灭以后的烛烟总是杂乱无章的。

实验材料

蜡烛、火柴

实验操作

用火柴点燃蜡烛，认真观察火苗上方，发现没有任何杂乱的烟的痕迹。

将蜡烛吹灭，认真观察从烛芯上慢慢升起的烟。

我们会发现，当烟在烛芯上时，烟的形状还是规则的；等它上升了一段时间后，烟的形状就开始变得杂乱无章。

科学原理

布朗运动，悬浮在液体或气体中的微小粒子所做的不停顿的无规则运动。比如，我们在显微镜下观察悬浮在水中的藤黄粉、花粉微粒，或在无风的情形下观察空气中的烟粒、尘埃时都会看到这种运动。温度越高，布朗运动越激烈。布朗运动是1827年植物学家布朗首先发现的。在实验中，当烟的微粒进入空气中和空气分子发生碰撞后，微粒就开始做一种没有规则的运动，即布朗运动。而烟的微粒刚开始上升时，与空气分子的碰撞并不十分明显，待其上升到一定距离后，这种碰撞就会加剧。所以，在这个实验中，起初规则的烟就会慢慢地变得杂乱无章了。

小游戏

走钢丝的水滴

让水滴从一条细线上走过去，我们管它叫水滴"走钢丝"。用肥皂把线擦一遍，在其中一个杯子中倒入半杯水；用胶带把一条细线的两端固定在两个杯子的内侧，距杯口2～3厘米；拿起装水的杯子，与另一个杯子形成坡度；轻轻拉紧细线，往外倒水，就会看到水滴在线上一滴滴滚到另一个杯子里。用肥皂把细线擦一遍，改变了水的表面张力，增加了水和线的吸引力。这种表面张力使水变成圆形水滴，并能沿细线流过。

72.纸杯也能烧水

实验目标

利用燃点的原理，我们可以用纸杯烧开水，且纸杯不会被烧坏。

实验材料

质地较硬的纸杯、蜡烛、钳子、火柴、水

实验操作

在一个水泥平台上,用火柴点燃蜡烛。

向杯中倒入水,用钳子夹起纸杯,让水杯悬在火焰正上方。

一直保持着上一步的动作,几分钟后,我们会发现水被烧开了,而且纸杯并没有被烧坏。

科学原理

燃点是某种物质着火燃烧所需要的最低温度。通常物质密度越大,发生化学反应所需的温度越高,物质的燃点就越高。在实验中,火焰的温度高于纸杯的燃点,但是由于纸杯和水都被加热,纸杯中的水吸收了大量热量,而开水的温度低于纸的燃点。这样一来,水先被烧开,而纸杯的温度始终无法达到燃点,所以纸杯不会燃烧起来。在这里,水起到了控制温度的作用。

小游戏

煮鸡蛋

在不锈钢杯子中倒入一次性散热宝内的物质;再用铝箔纸包住鸡蛋投入杯中;继续往杯中倒散热宝内的物质;放置一会儿,再不断地搅动,让空气进入里面;经过一段时间,取出鸡蛋,生蛋已熟啦。散热宝是由铁粉、食盐、活性炭等物质组成,这些物质与空气中的氧结合,就能散热,生鸡蛋就是被这种热量焐熟的。

73.火焰中的糖

实验目标

利用钾和催化剂的原理，即便是糖也是可以在火焰中燃烧的。

实验材料

方糖、火柴、碟子、香灰

实验操作

首先把一块方糖放在碟子上，试着用火柴点燃它。我们会发现它变成了褐色的焦糖，而无法被点燃。

在第二块方糖上均匀地涂抹一层香灰，放在碟子上。

再次试着用火柴点燃方糖，结果它被点着了，好像木头在燃烧。不过，在这个游戏中，我们看到的火焰是淡蓝色的。

科学原理

钾是银白色金属，很软，可用小刀切割。钾的化学性质活泼，暴露在空气中时，表面会覆盖一层氧化钾和碳酸钾，使它失去金属光泽，因此金属钾应保存在煤油中，以防止氧化。催化剂是能改变化学反应速率，而本身的量和化学性质并不改变的物质。在实验中，方糖的燃点较高，不容易燃烧。当把香灰涂抹在方糖上时，香灰中含钾元素的化合物在糖块的燃烧中起了催化剂的作用。它降低了方糖的可燃温度，所以糖就燃烧起来了。

小游戏

自制防腐剂

首先把氧化镁和苏打水倒入盆里，加水混合；将想要保存的报纸泡进混合溶液里，一小时后拿出；用吸水纸吸干印刷品的水分再小心晾干；这样处理过的书报可以保存好多年。一般在纸张生产过程中都会加入酸性试剂，它留存在纸上，在空气中会腐蚀纸纤维，使书报难以长期保存，氧化镁和苏打水混合生成的碳酸镁能与纸张中的酸性物质发生化学反应，使酸性消失，书报变成中性后就不会发脆了。

74. 菠萝可以分解蛋白质

实验目标

利用蛋白质和氨基酸的特性，我们发现菠萝是可以分解蛋白质的。

实验材料

无味凝胶粉、两个相同的耐高温玻璃碗、新鲜菠萝、水、冰箱

实验操作

首先按适当的比例将凝胶粉与水混合，将混合物分成两份，分别倒入两个玻璃碗里。把两只玻璃碗放在冰箱里。大概一个晚上之后，凝胶就形成了。

将盛有凝胶的玻璃碗从冰箱里取出。将菠萝切开，挖取一小块放在其中一个碗里的凝胶上。

再过一个晚上,然后比较装在碗里的有菠萝的凝胶与没有菠萝的凝胶。

结果发现,菠萝使厚厚的一层凝胶溶化了,其中的大部分凝胶都变成了液体。没有放菠萝的那只碗里的凝胶仍然保持固态。

科学原理

蛋白质是生物体内普遍存在的一种主要由氨基酸组成的生物大分子,为生物体最基本的物质,担负着生命活动过程的各种极其重要的功能。氨基酸是既含氨基又含羧基的有机化合物,是蛋白质的基本结构单元。氨基酸以肽键相互连接,形成肽链。在实验中,菠萝是一种富含蛋白酶的水果,蛋白酶是一种作用强大的化学物质,它可以分解蛋白质。蛋白质以氨基酸的形式存在于凝胶中,氨基酸彼此之间形成的很长的氨基酸链则赋予了凝胶柔韧的形态。在凝胶的氨基酸中加入蛋白酶,会破坏氨基酸链,使凝胶还原成液体状态。

小游戏

蛋壳上的字

首先取一只鸡蛋,洗去表面的油污、擦干。用毛笔蘸取醋酸,在蛋壳上写字。等醋酸蒸发后,把鸡蛋放在稀硫酸铜溶液里煮熟,等蛋冷却后剥去蛋壳,鸡蛋白上留下了蓝色或紫色的清晰字迹,而外壳上却不留任何痕迹。这是因为醋酸溶解蛋壳后能少量溶入蛋白。鸡蛋白是由氨基酸组成的球蛋白,它在弱酸性条件中发生水解,生成多肽等物质,这些物质中的肽键遇Cu^{2+}发生络合反应,呈现蓝色或者紫色。

75.无土培植植物

实验目标

利用植物生长发育和矿物质的特性,我们可以用无土培植植物。

实验材料

底部有洞的花盆、装有水的喷壶、绿豆种子、小石头(花盆排水用)、盘子、珍珠石(一种吸水材料)、肥料

实验操作

先用石头将花盆底部盖住,再在上面放上珍珠石。

然后用喷壶浇湿珍珠石,轻轻地把绿豆种子均匀地撒在珍珠石上。然后把花盆放在有阳光的窗台上,保持珍珠石的湿润。

植物发芽后,以水混合肥料来灌溉。需要时就继续浇水,但不要浇太多。过一段时间后,种子就长成了健壮的小苗。

科学原理

植物生长发育是植物生命过程中量变和质变的过程,是植物生命活动的表现。植物生长发育是植物生存和发展的基础。矿物质又叫作无机盐,由金属离子和无机酸根两部分组成。在实验中,植物生长发育需要空气、水和阳光,但不一定需要土壤。没有土壤,植物也能存活,只要给它们提供从土壤中所能取得的矿物质即可。

小游戏

菜豆种子

取一粒已浸泡胀的菜豆种子。可见种子呈肾型，种子外表有一层革质的种皮，其颜色依品种不同而异。在种子稍凹的一侧，有一条状疤痕，它是种子成熟时与果实脱离后留下的痕迹，称为种脐。将种子擦干，用手挤压两侧，可见有水和气泡从种脐一端溢出，此处为种孔，即胚珠时期的珠孔，当种子萌发时，胚根首先从种孔中伸出突破种皮，所以也叫发芽孔。在种孔另一端种皮上，远处有一瘤状突起，远端是种脐，内含维管束。剥去种皮，剩下部分即是种子的胚，由四部分组成。两片肥厚的豆瓣为子叶，掰开两片子叶，可见子叶生在胚轴上，在胚轴上端的芽状物为胚芽，有两片脉纹的幼叶，小心用解剖针挑开幼叶，用放大镜观察，可见胚芽的生长点和突起状的叶原基。在胚轴下端，露出于子叶之外光滑的锥形物为胚根。

76.让香蕉自己剥皮

实验目标

利用压力的原理，我们可以让香蕉自己剥皮。

实验材料

一只香蕉、一个酒瓶、一些度数比较高的白酒（有酒精更好）

实验操作

拿一只稍微熟过头的香蕉，把末端的皮剥开一点儿备用。

找一个瓶口能足以让香蕉肉进到里面去的酒瓶（当然是选择能满足这个条件的香蕉更容易一些——也就是说选一个能进到瓶内的香蕉），在瓶内倒进少量白酒（或酒精），用一根点着的火柴或燃着的纸片把瓶内的酒点燃，然后立即把香蕉的末端放在瓶口上，使瓶口完全被香蕉肉堵住，让香蕉皮搭在瓶口外面。

这时，我们会惊奇地看到一个有趣的现象：瓶子像是具有了魔力，拼命地把香蕉往里吞吸，还发出吵嚷声。最后，香蕉肉被瓶子吸进去了，而香蕉皮却"自行"脱落，留在了瓶口。

科学原理

在实验中，原来，这是因为燃烧的白酒耗尽了空气中的氧，瓶子里的压力比外面的压力小了，因此，外面的空气推着香蕉进入了瓶中。如果放上香蕉以后，瓶口没有被完全堵死，这个实验就不容易做成了。另外，如果是因为香蕉不太熟，实验没有成功，我们可以预先在香蕉皮上竖着划两三个切口，再做时，就会容易一些。

77. 一口气的力量

实验目标

利用气压的原理，我们呼出的一口气可以举起10公斤重物。

实验材料

长方形纸袋、一大堆书

实验操作

在桌子上放一个结实的长方形纸袋，大小能放进两本厚书就行。

再在上面放上一大堆书——拿我们能找到的最厚、最重的书。

这时，我们可以开始往袋里吹气了。要注意，吹气口应该很小，这样吹起来比较容易一些，不需要费很大的力气。

吹气要慢一些，吹得要匀一些。我们会发现自己吹出来的气，进到袋里以后，随着袋子慢慢地鼓涨，轻而易举地就把上面一大堆书举起来了。

科学原理

其实，只要这个纸袋或塑料袋的尺寸是 10 厘米×20 厘米（200 平方厘米），我们只要吹出稍微比一个大气压大一点的气，就可以使袋子得到一个 20 公斤的力。因此，很容易举起 10 公斤的重物。

78. 一支土豆枪

实验目标

利用空气压缩的原理，我们可以用土豆和金属管制作一支土豆枪。

实验材料

金属管、木棍、土豆

实验操作

先准备一根金属管（如果实在找不着金属管或玻璃管，用竹子代替也行），管的直径为 8~10 毫米，长度为 6~8 厘米。

再准备一支木棍或铅笔，长度约为 15 厘米。找一个土豆，切成一片一片的，以作备用。

当我们把管子两端都插进土豆片里，土豆就会嵌进管子里，把管子两头给堵住了。

这时，我们只要拿小棍或铅笔把一端的土豆片慢慢推进管里，把另一端瞄准我们想射击的目标，我们手中的这支"汽枪"就会"啪"地一声，一块土豆"子弹"就会射向目标。

科学原理

原来，我们手中的这支土豆枪，是一支名副其实的"汽枪"。当我们把土豆推向管里时，管里的空气被压缩，压缩空气就从另一端冲出去，把堵在管口的土豆高速顶出去了。注意！用木棍推时要小心，要敏捷。只要我们瞄得准，就一定能射中靶心的。

79.自己回来的飞镖

实验目标

利用白奴利原理，飞出去的飞镖可以飞回我们身边。

实验材料

硬纸板、剪刀、砂纸

实验操作

先找来一块硬纸板。按图的形状在板上画出样子，两头拐臂大约要 20 厘米长。

画好以后，用剪刀沿画的线剪下来，用砂纸把边角磨圆。飞镖做好以后，我们就可以玩了。

用拇指和食指夹住飞镖的一端，让另一端对着自己，只要我们一使劲，把飞镖朝一个小小的斜度抛出去，它就会在空中划一条曲线，然后又飞回到我们的身边。

科学原理

澳大利亚当地的土著居民虽然不懂科学，但他们却能制成一种奇妙有趣的武器——飞镖。他们用飞镖打猎。其实，这种飞镖在我们国家也早就出现过。飞镖的形状很简单，就是一片弯曲的木板，可是，令人惊奇的是，不论我们把它向哪个方向扔出去，也不论我们使的劲有多大，只要扔出的角度合适，它最后都会飞回我们的身旁。如果飞镖扔出去飞不回来，先要看看问题是否出在飞镖上，如果不是，那么我们应该重新调整一下我们扔的角度。只要按正确的方法抛出去，它是应该再回到我们的身边的。

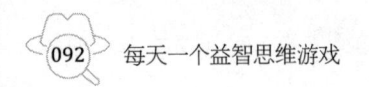

80. 不停转动的小船

实验目标

利用强磁铁的特性，我们可以自己动手做一个磁力船。

实验材料

软质木材、2.5厘米长的铁钉、火柴、纸张、装满水的脸盆

实验操作

只要找一块软质的木材，削几只不超过 4 厘米长的小船，在每条小船背面钉进一根 2.5 厘米长的铁钉。

船上面打个小孔插进一根火柴，再折一个纸三角做"帆"，小船就算做好了。

把做好的小船放进一只脸盆里，慢慢移动脸盆下面的强磁铁（可用耳机、广播喇叭里的磁铁代替），小船就可以在我们的"导航"下，自由航行了。

如果几个小朋友各拿一块磁铁，各自指挥自己的小船，可以进行各种有趣的"海战"实验。

科学原理

磁力船确实有吸引人的神秘之处，因为至今还没有一艘有实用价值的磁力船在航线上航行呢。不过，21世纪初，在阿姆斯特丹曾经展出过一只小船，里面没有任何动力装置或推进系统，也没有线牵引它，可它能在水池里

不停地转圈，令参观者感到惊讶万分——是什么力量使得这只小船不停地转动呢？其实道理很简单，这只船是用铁做的，而小船游动的水池子下面有一个放在大平底盘子里的强磁铁。这个大盘子用一个电动机带动，慢慢地转动着，小船就跟着磁铁移动的路线游动。

81.吹肥皂泡比赛

实验目标

利用肥皂水的特性，吹出好看晶莹的泡泡。

实验材料

一根金属丝、酒瓶、小碗、肥皂、水

实验操作

先找来一根金属丝，把它放在一个酒瓶口绕上一圈，就弯成了一个圆圈，然后把它拧紧，做成一个带把的小圆环。

取一小碗，把一块肥皂头放进碗里泡上水，再在肥皂水里溶进一些白糖，这样吹出的肥皂泡更结实一些。

把圆环放进肥皂水里再小心地拿出来，我们会看到圆环上有一层肥皂薄膜。把圆环举到嘴前，朝薄膜中央轻微地、缓慢地吹气，我们会发现薄膜变成一个小口袋形状，我们一边吹，它就一边鼓，最后，"口袋"的后部逐渐与其余部分脱离，成了一个很大的肥皂泡。

掌握了一定技巧之后，我们就能吹出真正的大肥皂泡了。这时，我们可以再试着用另一种方法来吹：把手握起来放进肥皂水中，然后把手轻轻张开，使手指向外伸出，食指和拇指尖连在一起形成一个环，把手小心地从肥皂水里抽出来。这时，手指形成的环形上就会留下一个肥皂薄膜。把手移到嘴边，使手心向上、小手指向外，轻轻对着手上吹气。如果我们做得熟练，吹气时小心，就会吹出一个非常美丽的泡泡来。

科学原理

泡泡是由于水的表面张力而形成的。这种张力是物体受到拉力作用时，存在于其内部而垂直于两相邻，肥皂泡部分接触面上的相互牵引力。水面的水分子间的相互吸引力比水分子于与空气之间的吸引力强。这些水分子就像被黏在一起一样。但如果水分子之间过度黏合在一起，泡泡就不易形成了。肥皂"打破"了水的表面张力，它把表面张力降低到只有通常状况下的1/3，而这正是吹泡泡所需的最佳张力。光线穿过肥皂泡的薄膜时，薄膜的顶部和底部都会产生反射，肥皂薄膜最多可以包含大约150个不同的层次。我们看到的凌乱的颜色组合是由不平衡的薄膜层引起的。最厚的薄膜层反射红光，最薄的反射紫光，居中的反射七彩光。

82.纱布是可以防水的

实验目标

利用空气压力的原理，我们发现纱布是可以防水的。

实验材料

纱布、一瓶水、细绳或皮筋

实验操作

先找来一个瓶子，在里面灌上一瓶水，然后用纱布蒙在瓶口，用细绳或皮筋把纱布紧紧扎在瓶口。

这时，我们把瓶子倒过来试试看，瓶里的水会不会咕嘟咕嘟流出来。

对。水并不往外冒——纱布能"防水"，它把水堵在瓶子里一滴也没让流出来。这是什么原因呢？

科学原理

纱布防水的原因有两点，一是因为空气压力在起作用；二是因为水的表面张力在起作用。空气的压力很大，完全可以托住压在瓶口处水的重力，所以水不会往下泄漏。另外，水的表面像一层有弹性的皮肤，这层"皮肤"上的分子紧紧地被水面下的那层分子所吸引，把水裹了起来，不让水随便乱跑。我们用的布伞、雨衣能防水，也是因为水滴表面张力很大，不容易进到伞或雨衣的里层去。其实，我们刚才玩的这个实验，还有点像个阀门——进去容易，出来难。不信，我们把瓶子里的水倒出来，重新蒙好纱布，然后把它放在水龙头下面接水，我们会看到水会进到瓶里去。当瓶里水快满了，我们再把瓶子倒过来，瓶里的水仍出不来。

83.水可以渗透到鸡蛋里

实验目标

利用渗透的原理，我们可以发现水是可以渗透到鸡蛋里的。

实验材料

新鲜鸡蛋、麦秸管、针、蜡烛

实验操作

我们找一只新鲜的鸡蛋，再找一根麦秸管（最好用透明的塑料吸管或细玻璃管，那样效果更好），就可以动手了。

先用钉子或小刀在鸡蛋的一端剥去一小块蛋壳，剥的时候一定要十分小心，千万不要把蛋壳下的那层薄膜弄破了。在鸡蛋的另一端用针扎一个小孔，慢慢地把这个小孔扩大，直到能把麦秸管插进去为止。

小孔扩好后，慢慢把管子插入蛋内约 2 厘米，然后，点燃一支蜡烛，让蜡油滴到管子与蛋壳的接口处，把接口全部封严实，不让空气和水份渗进去。

这时，我们可以把鸡蛋放进一只盛有四分之三水的玻璃杯中，让插上管子的一头朝上。稍等片刻，我们可以看到鸡蛋里面的蛋液就会慢慢上升到管子里面。几小时或几天后，蛋液一点一点进入管子里，管口就会有蛋液溢出来。

科学原理

这是怎么回事呢？原来，是杯子里的水渗入了蛋壳之中。鸡蛋里面的蛋液和杯子里的水不是被蛋膜隔开的吗？怎么杯中的水还能进到鸡蛋里面去呢？这就是"渗透"。在这层薄薄的蛋膜上，有许多微孔，这个孔能让细小的水分子通过并进入蛋中，但较大的蛋液分子却不能通过。我们看，这是一层"半渗透膜"。当水不断渗入蛋中，就把蛋液不断地往上推，逐渐推出蛋壳。

第四章

民俗谚语

84. 刀不磨要生锈，水不流要发臭

一点通

"水不流要臭，刀不磨要锈"指水不流动就会发臭，刀不磨砺就要生锈。比喻人经常运动，才能保持身体健康。出处：尚弓《斗熊》一五："你这话说得好，一个人就是要经常参加劳动，'水不流要臭，刀不磨要锈'。"

这句话告诉我们：人要不断学习才不会落后，身体经常活动锻炼，才会减少生病的可能。

活学活用

小小的妈妈是名会计师，和小小一样，她平时也要上学，不过上的是注册会计师的补习班。因为她知道，职场竞争激烈，必须努力学习，不然就被淘汰了。

这天晚上，爸爸开车带着小小去接妈妈下课。

妈妈一上车，就累得睡着了。

小小说："妈妈真辛苦。"

"是啊，我们成年人也有很大的学习压力的，毕竟，刀不磨要生锈，水不流要发臭，如果不努力进步，就会被人迎头赶上。生活在当今快速发展变化的社会，我们必须不断学习，才不会被社会所淘汰，才能在激烈的竞争中生存下来。"

85. 学习如逆水行舟，不进则退

一点通

学习就像逆水行驶的小船，不努力向前进步，就只能向后倒退。对于学习，只有不断的学习，才会不断进步，否则便会停留在原地，被其他人超过，便会有所懈怠。

本句选自《增广贤文》。《增广贤文》又名《昔时贤文》《古今贤文》，是中国明代时期编写的儿童启蒙书目。《增广贤文》集结中国从古到今的各种格言、谚语。后来，经过明、清两代文人的不断增补，才改成现在这个模样，称《增广昔时贤文》，通称《增广贤文》。

活学活用

无论是做事还是学习，我们都要有不断奋进的心态，比如说，你在学习的过程中，遇到一道难题，解又解不开，自然就会"知难而退"了。可是，当你想到，"学习如逆水行舟，不进则退"时，怎么不会联想到，学习有如在逆水中划船，你不前进，则会后退呢？一想到这，你就会"知难而进"了。

如果人不坚持学习，总有一天会落后于那些坚持学习的人。

86. 人不可貌相，海水不可斗量

一点通

"人不可貌相，海水不可斗量"比喻不能只根据相貌、外表判断一个人，如同海水是不可以用斗去度量一样，不可根据某人的相貌就低估其未来。

出处：《西游记》第六十二回："陛下，人不可貌相，海水不可斗量。若爱丰姿者，如何捉得妖贼也？"

活学活用

一天，玲玲在小区遇到看到了这样一家人。

这应该是一家三口，爸爸叼着烟站在超市门口，留着钢铁侠同款胡子，看上去三十出头的样子，妈妈穿着低胸的吊带裙，画着浓妆，胸前有个纹身，领着一个虎头虎脑的小男孩。玲玲经常看电视，认为这样的人可能素质不高。

这位妈妈挑了一箱牛奶一箱酸奶，又买了一盒女士烟。牛奶65元，酸奶55元，烟10元。收钱的时候，柜台阿姨说："120元"，妈妈想了一下说："错了吧"，阿姨有点不耐烦说："没错的"。妈妈说："牛奶65元，酸奶55元，烟10元，一共130元"，说完拿出了130元交了钱，领着孩子要往出走。此时，阿姨给小孩一个棒棒糖，小孩对阿姨说了声谢谢，然后把棒棒糖还给了阿姨。

玲玲心想，果然人不可貌相，海水不可斗量，不能以貌取人啊。

87.人心隔肚皮，看人看行为

一点通

人心隔肚皮的意思是：

你永远无法猜测别人笑容下的真心，所以对任何人，看人不能只看他人的表面，要看他的行为，从一个人日常行为习惯你可以看出他的性格从他处理某件小事的方法，你可以看出他是否值得你相交，是否真诚义气等。

活学活用

玲玲的妈妈是一名人力资源部门的经理，一天晚上，在和爸爸聊到工作时，她说："人心隔肚皮，看人看行为，我们做HR的，就要杀伐果断，刚开始，我以为他是一名优秀的管理人员，但那天我在他办公桌上看见那盒吃了一半的便当和几包吃了一半的零食时，我立刻开始考虑适合这个岗位的其他人选了。"玲玲的妈妈是名典型的职业女强人，她一向做事谨慎，公司的每个人的言行举止都逃不过她的法眼，最近，她就将一个刚刚在市场部干了一个星期的市场部主管"炒"出了公司。她说："我的理由有两个：第一，我们是跨国公司，把食物放在办公桌上太影响公司的形象了；第二，一个爱在办公室吃零食的男人给我的印象是办事犹豫拖拉，立场不坚定，这样的人不适合在一个代表公司形象的部门工作。当然，如果这件事出现在产品设计部或是创意部，我会假装没看见，过后提醒一下就够了，但在市场部，这样的细节绝对不能原谅。"

88.疾风知劲草，烈火见真金

一点通

这句话出自《东观汉记·王霸传》："颍川从我者皆逝，而子独留，始验疾风知劲草。"

在猛烈的大风中，只有坚韧的草才不会被吹倒。比喻只有经过严峻的考验,才知道谁真正坚强。

只有经过严厉的考验之后才能看清事物的本质,就像狂风过后才能知道小草的坚韧, 烈火炼狱之后才能知道黄金的质地一样。

活学活用

小米的妈妈在一家民企工作,最近公司发生了一些动荡,问题甚至严重到了有破产倒闭的风险,但老员工们一个都没走,小米的妈妈也在其中,后来大家一起度过了难关。

小米的妈妈在谈到这件事时说:"疾风知劲草,烈火见真金,关键时刻才能看清人心啊。"

89.千里送鹅毛,礼轻情意重

一点通

礼轻情意重是一个汉语成语,比喻礼物虽然很轻,但情意却很深厚。

"千里送鹅毛"的故事发生在唐朝。当时,云南一少数民族的首领为表示对唐王朝的拥戴,派特使缅伯高向太宗贡献天鹅。

路过沔阳河时,好心的缅伯高把天鹅从笼子里放出来,想给它洗个澡。不料,天鹅展翅飞向高空。缅伯高忙伸手去捉,只扯得几根鹅毛。缅伯高急得顿足捶胸,号啕大哭。随从们劝他说:"已经飞走了,哭也没有用,还是想想补救的方法吧。"缅伯高一想,也只能如此了。

到了长安,缅伯高拜见唐太宗,并献上礼物。唐太宗见是一个精致的绸缎小包,便令人打开,一看是几根鹅毛和一首小诗。诗曰:"天鹅贡唐朝,山高路途遥。沔阳河失宝，倒地哭号啕。上复圣天子，可饶缅伯高。礼轻情意重，千里送鹅毛。"唐太宗莫名其妙，缅伯高随即讲出事情原委。唐太宗连声说："难能可贵！难能可贵！千里送鹅毛，礼轻情意重！"

活学活用

刘先生最近在工作上遇到了一件事，他遇到了个难搞定的客户，因此，他决定给客户送个礼物。正因为这件事，让他认识到选对礼物的重要性，并且，他把这件事告诉了上小学的女儿。事情是这样的：

一次，在去对方公司拜访的途中，他发现客户招待客人都不用一次性杯子，而是使用茶具，从客户员工的嘴里，刘先生确认了客户很爱茶具。

于是，一个星期后，刘先生把托人买到的一套上好青花瓷茶具给客户送了过去，对方看到后，很是高兴。还没等刘先生文开口，就主动提了合作的事情，刘先生的这笔订单就轻松地拿到手了。

刘先生告诉女儿："千里送鹅毛，礼轻情意重。与人交往，虽然我们不提倡送贵重礼物，但是礼物是一种礼仪，是需要从小学习和掌握的。"

90.礼尚往来，来而不往非礼也

一点通

这句话出自西汉·戴圣《礼记·曲礼上》："礼尚往来，往而不来，非礼也；来而不往，亦非礼也。"

释义：（别人）来（看你）而你却不去看望别人，这是不符合礼节的。

表示对别人给予自己的善意，应当做出友好反应，否则是不合乎礼节的。

礼仪上你来我往，是互相的，这几句话说白了就是人际关系问题，人在社会上总是互相联系的，自己尊重别人，别人自然也会尊重自己。但也不能让别人礼貌敬你，而你却觉得是自己应得。

活学活用

鑫鑫过生日这天，收到了很多同学送的小礼物，晚上，他将这件事告诉妈妈。

妈妈说："这说明我们鑫鑫很受同学们欢迎啊，不过鑫鑫，礼尚往来，来而不往非礼也，下次同学过生日，你也要精心为他们准备礼物哦，这是一种礼数。"

听了妈妈的话，鑫鑫点了点头，并表示自己知道。

91.远亲不如近邻，近邻不如对门

一点通

亲戚再亲，但若住得远，不如近处的邻居能经常相互关照。

"你明日倘若再去做时，带了些钱在身边，也买些酒食与他回礼，常言道，远亲不如近邻，休要失了人情。"出自《水浒全传》第二十四回。

活学活用

小小的对门邻居是一位七十岁的老太太，孩子都在国外。

有天晚上，老太太心脏病发，小小一家人帮忙叫了救护车，并在医院照顾了一晚上。老太太后来感慨："真是远亲不如近邻啊，那次真的太感谢你们全家了。"

92.不当家不知柴米贵，不养儿不知父母恩

一点通

意思是，自己不亲自当了家，就不知道操持一家的生活多么不容易。自己不亲自生儿育女，就不能体会到父母恩情的深厚。比喻我们要节约用钱，要懂得孝顺父母。

活学活用

小米的婶婶最近生了个大胖小子，叔叔感慨万分。

后来，在家庭会议上，他说："媳妇在产房的时候，给媳妇打电话听电话里的声音都变了，听着媳妇说话，我的整个心都碎了，还好顺产生下了我们的宝宝，男孩八斤二两，刚才孩子喝水呛着了，可把我们吓坏了，又叫护士又找大夫的，现在没事了，看着我们眼前的孩子，想到了我们小时候，爸妈肯定也是像我们现在的心情，不当家不知柴米贵，不养子不知父母恩。我愿天下所有的父母健康快乐一生平安。"

93.慈母手中线，游子身上衣

一点通

"慈母手中线，游子身上衣"出自于唐朝诗人孟郊的《游子吟》，用白话文来讲就是说慈爱的母亲用手中的丝线，为游子缝制身上的衣服，游子通常是指远走他乡的孩子，不管年龄大小，儿女在母亲的眼中永远都是孩子。

这首诗的原文是："慈母手中线，游子身上衣。临行密密缝，意恐迟迟归。谁言寸草心，报得三春晖。"这是一首母爱的颂歌，诗中亲切真淳地吟颂人类最伟大的情感——母爱，尤其是诗的开头两句，所写的人是母与子，所写的物是线与衣，然而却点出了母子相依为命的骨肉之情，中间两句集中写慈母的动作和仪态，虽无言语，也无泪水，却扣人心弦，催人泪下。最后两句则是前四句的升华，以通俗形象的比喻，寄托着赤子对慈母发自肺腑的爱。全诗无华丽的词藻，也无巧琢雕饰，却令人感到清新流畅，淳朴的语言，情真意切，千百年来一直拨动着读者的心弦，引起万千游子的共鸣。

活学活用

阿辉最近报了个长达一个月的暑期夏令营活动，为的是锻炼自己的独立能力。

出发前的那天晚上，妈妈帮阿辉收拾东西。阿辉发现，妈妈竟然哭了，他赶紧问："妈妈，你怎么了？我又不是不回来，一个月后，你就能见到我了啊。"

"我知道，慈母手中线，游子身上衣，就是有感而发，长这么大，你从未离开过家，我就是担心你不习惯。"

"这也是我要参加这个夏令营的初衷啊，我要学会独立，放心吧，妈妈。"

94. 浇树浇根，交友交心

一点通

这句话的意思是，树是靠根部吸收水分和肥料来获取营养的，光洒水在花上是不能使树枝繁叶茂的，把花剪下来插在瓶中只能活几天，而长在花园中的可活很多年。只有心相通了，才会有友谊，所以交朋友要交心就是这个道理。

通常，与人交际，患难之中才能见真情，真正的朋友是能分担你忧愁和痛苦的人，也最能经得起时间和磨难的考验。整日甜言蜜语的人不是真君子，在你人生得意时警醒你的人才是真正的朋友，他们不会大难临头各自飞。

活学活用

以下是一个初三男孩的日记："我的性格还是比较外向的，长相虽然算不上出众，但是自我感觉还可以。学习也不错，班里前十名，可就是人缘不好，感觉周围其他男生好像都很反感我，看到他们和别的女生闹我也想去玩，可是却不知道怎样加入他们。听我一个好朋友跟我说，浇树浇根，交友交心，我们没必要与所有人都成为朋友，只要真心待人，就能交到好朋友，这样，我的心情就放松了，后来果然人际关系好多了。"

95.兄弟同心，其利断金

一点通

这是一个汉语词汇，利是指锋利；断是指砍断，折断。比喻只要兄弟一条心，就能发挥很大的力量。泛指团结合作。出自原典（先秦）《周易 系辞上》"二人同心，其利断金；同心之言，其臭如兰。"

有些事，凭一己之力是无法完成的，因为个人能力有限，在危机时刻，你才会发现人多力量大的真正内涵，当所有人跟你站在同一战线时，你才会发现，这个世界真的很美好。

活学活用

这天早上，雯雯亲眼目睹了一起交通事故，当时爸爸开车送她去学校，而在快到红绿灯的地方，堵车了，经过了解才知道，前面出了一起交通事故。爸爸看到大家都过去，也下了车，雯雯也跟了过去。

定睛一看，原来一辆小卡车和摩托车相撞，摩托车车主被压在了卡车下，当时所有人二话不说，全都冲过去，齐心协力将伤员救了出来，这件事很快被赶来的记者报道了。

这一幕着实让雯雯震撼，她发现，大概这就是兄弟同心，其利断金吧。

96.三个臭皮匠，顶个诸葛亮

一点通

三个普通的人智慧合起来要顶一个诸葛亮。其实，臭皮匠和诸葛亮是没有丝毫联系的，"皮匠"实际是"裨将"的谐音，"裨将"在古代是"副将"。这句俗语原意是指三个副将的智慧合起来能顶一个诸葛亮。后来，在流传过程中，人们把"裨将"说成了"皮匠"。

话说有一天，诸葛亮到东吴作客，为孙权设计了一尊报恩寺塔。其实，这是诸葛亮先生要掂掂东吴的分量，看看东吴有没有能人造塔。他对宝塔要求非常高，单是顶上的铜葫芦就有五丈高，两千多公斤重。孙权被难住了，急得面红耳赤。后来寻到了冶匠，但缺少做铜葫芦模型的人，便在城门上贴起招贤榜。时隔一月，仍然没有一点儿下文。诸葛亮每天在招贤榜下踱方步，高兴得直摇鹅毛扇子。

那城门口有三个摆摊子的皮匠，他们面目丑陋，又目不识丁，大家都称他们是"丑皮匠"。他们听说诸葛亮在寻东吴人的开心，心里不服气，便聚在一起商议。他们足足花了三天三夜的工夫，终于用剪鞋样的办法，剪出个葫芦的样子。然后，再用牛皮开料，硬是一锥子、一锥子地缝成一个大葫芦的模型。在浇铜水时，先将皮葫芦埋在砂里。这样一来，果然一举成功。诸葛亮得到铜葫芦浇好的消息，立即向孙权告辞，从此再也不敢小看东吴了。"

三个丑皮匠，胜过诸葛亮的故事，就这样成了一句寓意深刻的谚语。

活学活用

最近，学校组织了一次科技大赛，每个班级要交一个参赛作品，为此，八年级班主任说了，全班同学都要献计献策，都要参与进来。最后，大家推举出班上的三个男生做的飞机模型。

万万没想到，这个飞机模型竟然拿了冠军，这让同学们都很意外，在发表获奖感言时，其中一个男生说："三个臭皮匠，顶个诸葛亮，这次的飞机模型是我们全班同学的心血，希望在以后的学习道路上，大家都能互助合作，共同进步。"说完，台下响起了一阵热烈的掌声。

97. 人心齐，泰山移

一点通

出自《古今贤文合作篇》，形容只要人们的心往一处，共同努力，就能移动泰山。比喻只要大家一心，就能发挥出极大的力量。

活学活用

月月的爸爸是一家广告公司的老板,最近,公司生意一直不好,接不到单子,但即便如此,员工工资、房租和水电这些还要很大一笔费用,按照目前的情况,最多只能坚持一个多月了。

这天晚上,吃饭时,爸爸唉声叹气,月月和妈妈也知道怎么回事,月月懂事地对爸爸说:"爸爸,人心齐,泰山移,公司的叔叔阿姨们都支持你,我和妈妈也会支持你,加油哦。"

听到女儿这么说,爸爸欣慰地点了点头,他发现,原来女儿长大了,而且这么懂事。

98.一个篱笆三个桩,一个好汉三个帮

一点通

这一谚语的意思是一个人的力量是有限的,但是如果有大家的帮忙就能办得更好。这个谚语主要强调团结合作的重要性。一个人再有能力也离不开别人的帮助,没有谁能在不借助任何外力的情况下生存。

活学活用

在思想政治课上,老师讲到合作共赢这一观点时说:

"一个篱笆三个桩,一个好汉三个帮。只有团结协作、齐心协力才能最终成功。刘邦用得张良、韩信、萧何,得以创建帝业;刘备用得孔明、关羽、张飞、赵云,得以三足鼎立天下;宋江是一遇大事就手足无措,不知

'如何是好'的主子，幸好有梁山一百多位兄弟'哥哥休要惊慌'的辅佐占据八百里水泊；唐三藏西天取经，没有孙悟空一路的降妖伏魔，猪八戒、沙和尚的鞍前马后，岂能取得真经普度众生？在今天的行业竞争中，同行、同企业之间的互相竞争是同行关系的主旋律。一些人总是眼红他人的成就，为了排挤对方，不惜一切代价，也不惜一切手段，搞无谓的圈内争斗，以致两虎相争，相互内耗，两败俱伤。其实，换一种思维，合作双赢才是达到目的的最好选择。同行，竞争可以，不能做冤家。其实，合作才是共赢，这也是我们本节课要讲的重点……"

99. 暴饮暴食会生病，定时定量可安宁

一点通

饮食无节制容易生病，吃饭定时定量是健康的保证。

这一谚语强调的是饮食节制的重要性，相反，暴饮暴食、大快朵颐，会带来很多健康的隐患。比如：

疲劳：吃得过饱，会引起大脑反应迟钝，加速大脑的衰老。人们在吃饱后，身上的血液都跑到肠胃系统去"工作"了，容易让人长期处于疲劳状态，昏昏欲睡。

神经衰弱：晚餐过饱，鼓胀的胃肠会对周围器官造成压迫，使兴奋的"波浪"扩散到大脑皮质其他部位，诱发神经衰弱。

肥胖：现代人常吃的高脂肪高蛋白的食物，消化起来更加困难。多余的"营养物质"堆积在体内，其后果就是肥胖和一系列富贵病。肥胖会带来包括心血管疾病、高血压、糖尿病、脂肪肝、动脉硬化、胆囊炎等，再加上由此带来的并发症，可能达到上百种。

胃病：吃得过饱所带来的直接危害就是胃肠道负担加重，消化不良。人体胃黏膜上皮细胞寿命较短，每2~3天就应修复一次。如果上顿还未消化，下顿又填满胃部，胃始终处于饱胀状态，胃黏膜就不易得到修复的机会，大量分泌的胃液，会破坏胃黏膜，极易发生胃穿孔、胃糜烂、胃溃疡等疾病。

活学活用

忙了一个星期，终于要放假了。周五晚上，明明一连吃了两碗饭和很多肉，在他准备盛第三碗饭时，爸爸说："暴饮暴食会生病，定时定量可安宁，明明，晚上不宜吃太饱。"

听了爸爸的话，明明并没有生气，而是说："爸爸，我知道了。"

100. 每餐留一口，活到九十九

一点通

就是说，饭吃八分饱，有利于延年益寿。

医学研究发现，一种叫做纤维芽胞生长因子的物质，是促进脑动脉硬化的原因之一。这种物质餐后在脑中的含量要比餐前增加数万倍。通常，在人体的调节作用下，它会很快从较高状态恢复到正常水平。但是如果长期饱食，它就会在大脑中聚积，使脑动脉发生硬化，引发老年痴呆等疾病。

当控制进食量，限制热量的摄入时，一方面使活性氧生成减少，另一方面可以保护人体内抗氧化酶的活力及维持抗氧化酶在正常水平，从而使活性氧能得到及时清除，达到抗衰老的目的。

营养学家还指出：进食过饱，摄入的热量大于消耗，多余的热量会变成脂肪，沉积于皮下及脑等组织器官内，影响其正常的生理功能，出现嗜睡、反应迟钝、注意力分散、健忘等诸多症状；另外，过多进食含蛋白质、脂肪及糖较高的食物，必将增加胃肠负担，引起胃肠功能紊乱，使胃肠蠕动减慢，有害物质在肠内停留过久，不利于健康。

因此，我们要想健康养生，每餐还是留一口好！

活学活用

丹丹的太爷爷已一百多岁了，老人家尽管这么大岁数，还是耳聪目明，生活能自理。一次，电视台做了个关于养生的访谈节目，记者找到他，并询问他养生的秘诀，他说："每餐留一口，活到九十九"。原来，丹丹的太爷爷吃饭从来不吃太饱，这是他最大的养生秘诀。

101.吃得慌，咽得忙，伤了胃口害了肠

一点通

这句谚语强调的是吃饭过急过快对身体的危害。的确，现代人囫囵吞枣式的吃饭习惯，大多数的食物都在很大颗粒的状态下就进了肚子，加上生活习惯不好和阻塞的经络使得消化酶分泌不足。快速的吃饭习惯，更使身体分泌消化酶的速度赶不上食物的供应。

大多数的食物不是由于颗粒太大，就是由于消化酶的不足，而使食物到达小肠时成为液态的比例非常低。大多数食物仍然是块状的固体，这些固体的食物最终只能被当成大便排出体外。虽然吃了很多的食物，可是身体吸收

到体内的比例很低。

所以平时饮食一定要做到细嚼慢咽，这样对身体非常有益。

（1）保护肠胃

细嚼慢咽可以使唾液分泌量增加，唾液是碱性的，咀嚼的时间越充分，分泌的唾液就越多，随食物进入胃中的碱性物质也就越多，它们可以中和过多的胃酸，平衡酸碱性，减少胃酸对胃黏膜的自身侵害。

唾液中的蛋白质进入胃部以后，还会在胃里反应，生成一种蛋白膜，对胃可以起到一定保护作用。

（2）有益口腔

粗嚼快咽，进餐速度过快过猛，很容易咬伤舌头和腮帮，对口腔、牙齿和牙床有所损害，甚至会引起口腔溃疡。

细嚼慢咽还能充分调节口腔的生理机能，促使牙龈表面角质变化，加速血液循环，提高牙龈的抗病能力。当食物在口腔中反复咀嚼时，牙齿表面还会受到唾液的反复冲洗，增强牙齿的自洁作用，有助于防治牙齿疾病。

活学活用

阿东的家里有两个孩子，他还有个妹妹，今年三岁多了。平时吃饭，阿东吃饭很快，但妹妹总是要吃很久。

一天，阿东给妹妹喂饭说："你这样吃饭多耽误时间，来，大口大口吃。"说完，阿东准备将一大口饭塞进妹妹嘴里。

这时，妈妈走过来，对阿东说："别，妹妹还小，不能这样吃饭，再说，细嚼慢咽吃饭才是对的。吃得慌，咽得忙，伤了胃口害了肠。"接下来，妈妈告诉了阿东吃饭要细嚼慢咽的原因。

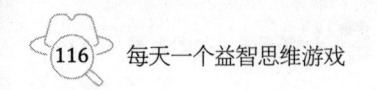

102. 吃米带点糠，营养又健康

一点通

这句话的意思是，吃饭不要吃太精细，反而有利于健康。这里的米糠，是指糙米碾磨去的那层糠皮，其富含脂肪、纤维、灰分、钙、磷、铁，维生素B1、B2、B6，维生素E、叶酸等营养素。从糙米变成白米后约丧失了50%以上的营养。而这丧失的50%营养就是米糠。米糠层的粗纤维分子有助于胃肠蠕动，对胃病、便秘、痔疮等消化道疾病有效。

常吃精白米面不利于健康，不少家庭长期食用精白米、水晶米和细白面，容易引起维生素B1缺乏，使人患上脚气病（多发性神经炎）。哺乳的母亲长期食用精白米面，还可使婴儿患上脚气病。另外，精白米面的糠麸明显减少，其中的纤维素也会减少，膳食中缺乏食物纤维，是导致结肠癌、高胆固醇血症、糖尿病以及便秘、痔疮等病直接或间接的病因。所以，"吃米带点糠，营养又健康"的说法是有道理的。

活学活用

星星家有个饮食习惯，每周三都会吃粗粮，如豆类、荞麦等，这一习惯已经养成好多年了，星星的奶奶和小区的老人们谈起养生时经常说："吃米带点糠，营养又健康"，在奶奶的带领下，小区很多家庭也这样做。

103.冬吃萝卜夏吃姜,不用医生开药方

一点通

萝卜是冬季的时令蔬菜,也是养生的好食材。萝卜,在民间有"小人参"之美称,也有"萝卜上市,医生没事""萝卜进城,医生关门""冬吃萝卜夏吃姜,不要医生开方""萝卜一味,气煞太医"之说,还有一个俗语表现了萝卜的益处:"吃着萝卜喝着茶,气得大夫满街爬"。

明代著名的医学家李时珍对萝卜这种食物极力推崇,主张每餐必食,他在《本草纲目》中提到:萝卜能"大下气、消谷和中、去邪热气"。

进入酷夏后,气候炎热湿重,很多人容易出现腹泻腹痛、感冒、湿疹复发等问题。其实这些季节小毛病,一片生姜就可以搞定,不仅可以内服,还能外用,祛风解表、排汗降温、温经和胃,预防和缓解夏季高发病。

活学活用

周六一大早,豆豆还在睡觉,爷爷就从乡下老家回来了,还拿了一大袋萝卜,豆豆睡眼惺忪地起来,揉了揉眼睛对爷爷说:"爷爷,你拿这么多萝卜干啥,又吃不完。"

"咦,这个你就不知道了吧,萝卜可是好东西,冬吃萝卜夏吃姜,不用医生开药方,我们老辈儿冬天吃的最多的就是萝卜,对身体好着呢。"说完,爷爷已经将萝卜拿到厨房了。

104.早喝盐汤如参汤，晚喝盐汤如砒霜

一点通

这句谚语的意思是说，早上多吃盐对身体较好，晚上多吃盐则相反，晚上对肾不好。因为白天吃盐，运动都给他消耗了。

我们每天都在与食物打交道，而每天都需要的材料里，食盐是大家再熟悉不过的了，有很多人比较喜欢吃咸一点的东西，就是我们通常所说的口重，有的人却喜欢盐少放，吃清淡些。

如果人体出汗较多，可使体内部分钠离子、钾离子丢失，产生低钠血症或低钾血症。这就需要补充钠和钾，通常方法是多饮用淡盐水和含钾较高的食品及饮料。但是，许多人都是出汗之后，甚至待身体出现疲乏无力、口干、眩晕、肌肉疼痛、手足麻木等缺钠的症状时，才喝些淡盐开水。这种被动补钠，体内新陈代谢减慢，肾脏负担加重，往往起不到应有的作用。民间谚语说得好，早喝盐汤如参汤，晚喝盐汤如砒霜。如果人们主动补钠，在大量出汗前或天热时，清晨一起床就喝些淡盐开水，以保证出汗后体内钠含量仍基本符合要求，可以维护细胞正常代谢，稳定细胞内外渗透，调节体内酸碱平衡，保持比较旺盛的精力，不至于出现身体疲惫、眩晕等症状。

除此之外，早晨饮杯淡盐水可以迅速被机体吸收，起到稀释血液，增加血流量，预防脑血栓和动脉硬化的功效。晨饮淡盐水也是预防习惯性便秘及养生保健的好方法。

活学活用

甜甜的奶奶自从爷爷去世后，就跟着甜甜一家生活，奶奶有个生活习

惯，每早六点半就起来，然后喝一杯淡盐水。

之前，甜甜一直不知道，以为奶奶喝的是白开水，直到有天早上起来，甜甜拿错了杯子，一口喝下去，才发现是咸的，她问奶奶："奶奶，别的老人家喝糖水，你早上怎么就喝盐水啊？"

"这你就不知道了吧，早喝盐汤如参汤，晚喝盐汤如砒霜，早上喝点淡盐水可是保健的好方法啊，不过晚上就不能喝了，晚上也不能吃得太咸了。"

105.饮了空腹茶，疾病身上爬

一点通

我们都知道，喝茶有很多好处，除了患有溃疡病、贫血以及失眠的人，都可以喝；患有心脑血管、糖尿病的病人以及长期在电脑前工作的人，更是可以常喝茶。但空腹喝茶并不是什么好事。

除了要因人而异，喝茶还应讲究时间，比如晚上喝茶会让人睡不好，应该尽量避免；早上喝茶，则不但不会促进健康，还会适得其反。因为茶叶中含有咖啡碱成分，空腹喝茶，茶水直入脘腹，可能令肠道吸收过多的咖啡碱，产生一时性肾上腺皮质功能亢进症状，出现心慌、尿频等不良反应。时间久了，还会影响人体对维生素B1的吸收。所以自古以来就有"不饮空腹茶"之说。

活学活用

艳艳的爸爸最近很忙，这不，周末一大早，妈妈还没做早饭呢，爸爸就钻进书房，准备加班工作了。

过了会儿，爸爸对门外的妈妈说："老婆，帮我沏杯茶行吗？"

没想到妈妈却说："不行。"爸爸走了出来，感觉很奇怪。

这时，妈妈说："饮了空腹茶，疾病身上爬，你一大早什么都没吃，可不能喝茶，一会儿吃过早饭我再给你沏，行吗？"妈妈温柔地对爸爸说。

爸爸则笑起来，说："是，都听老婆的。"

106.夏天一碗绿豆汤，解毒去暑赛仙方

一点通

绿豆汤之所以能清热解毒，主要是因为绿豆皮中的多酚类物质，大量的多酚类物质只要见了氧气，它们就会变色。

绿豆富含多种矿物质和维生素，尤其是钾、维生素 B1、B2 的含量很高，饮用绿豆汤不仅可以为身体补充所需水分，同时还可以补充因高温出汗而丢失掉的盐分，从而帮助我们调整体内水盐代谢的平衡，避免脱水、预防中暑，简直就是纯天然的维生素矿物质饮料。

怎样喝到一碗清凉解暑的绿豆汤？

（1）砂锅、不锈钢锅煮汤营养更佳

铁锅中的金属离子往往会和绿豆汤中的多酚类物质形成一种"复合物"，影响汤的颜色，这种物质虽然没有毒性物质产生，但可能会干扰绿豆的抗氧化作用，也妨碍金属离子的吸收。

（2）以纯净水煮汤颜色更佳

用纯净水煮出来的绿豆汤倒出来会呈现碧绿的颜色，放置一段时间也会保持碧绿不变色，这与水的酸碱度和微量元素有关，从视觉上就足以给人一

种清凉的感受。

（3）先喝汤后吃豆解暑更佳

把煮沸十分钟之内的汤盛出单独饮用，此时绿豆汤中溶出的物质主要是豆皮中的活性成分，氧化程度低、清热能力强。

活学活用

暑假的一个中午，明明从外面和小伙伴踢球回来，就急匆匆打开冰箱，正准备拿冰水喝，奶奶赶紧走过来，对明明说："听奶奶的话，别喝冰水，伤胃，奶奶熬了绿豆汤，你喝点，比那个还清热解暑。"

明明一看奶奶的汤都端过来了，就接过来喝了一口，发现味道果然很清爽，接下来将一碗汤一饮而尽。

奶奶说："夏天一碗绿豆汤，解毒去暑赛仙方，我们以前没有空调、电扇，没有冰箱的时候，就是这么祛暑的……"

107. 人有童心，一世年轻

一点通

这句话的意思是，如果一个人能拥有童心，那么，他就是真的年轻。的确，生活中，我们都曾经年少过，只是岁月的流逝，让生命需要一种成熟的积淀，但是骨子里每一个人都还留存着那份久远的童年情趣，这就是生命对现实中的一种硬性的接纳。生理年龄的累加并不代表心理年龄的升级认可，因人而异会产生反差的效应。

珍惜我们依然还年轻的心，这是对生命最高的礼遇和自信的认可。总有一天曾经的花季年龄也幻化成成熟的收获季节，贵在仍然拥有一颗永不放弃的童真之心！

只要拥有童心，你就会用积极的心态面对人生，面对生活中的每一次的失败和挫折。你就会发现这个世界到处充满了爱。也许我们不再拥有天真烂漫的童年，但一定要保持那颗童心，只有保持一颗童心的人，才是一个拥有生命真正意义上的人。

活学活用

笑笑的爷爷今年快七十了，但还总是和孩子们打成一片，小区里学龄前的孩子都认识他。

一天，笑笑的爸爸妈妈从菜市场买菜回来，竟然看见爷爷和几个小男孩在一起玩球，爸爸笑着说："真是童心未泯啊。"

妈妈也说："是啊，人有童心，一世年轻嘛。"

108.有泪尽情流，疾病自然愈

一点通

生活中，我们发现，一个人在心情不好的时候，周围的人都会劝道："没事，笑一笑"。很少有人劝其"哭一哭"。而实际上，真正能起到释放人的内心压抑情绪的方法是哭泣，而不是微笑。

哭是有益健康的。由情绪、情感变化而引起的哭泣是机体的正常反应，我们不必克制，尤其是心情抑郁时，也不可故作坚强、强忍泪水，那样只会加重自己心理的负担，甚至会憋出病来。这些负面情绪会让你的神经高度紧张，而当这种紧张被长期压抑而得不到释放时，便会集聚起来，最终导致神经系统紊乱，久而久之，会造成身心健康的损害，促成某些疾病的发生与恶化。而哭泣则能提供一种释放能量、缓解心理紧张、解除情绪压力的发泄途径，从而有效地避免或减少了此类疾病的发生和发展。

我们应该看到哭泣的正面作用，它是一种常见的情绪反应，对人的身心都能起到有效的保护作用，因此，当你遇到某种突如其来的打击而不知所措时，不妨先大哭一场，不要害怕别人的眼光，哭没什么见不得人的。

活学活用

天天出生在一个幸福之家，但是他的叔叔一家却很不幸。

他的叔叔原本也有个幸福的家庭，但就在他三十岁那年，命运跟他开了个玩笑，刚怀孕五个月的妻子在家中滑了一跤而流产，后来，妻子就被诊断出不孕症。整天郁郁寡欢的妻子又在一次交通意外中丧失。一段时间下来，他早已心力交瘁，但他还是坚持努力工作，并担任了几个小公司的兼职顾问，虽然很劳累、很操心，甚至很压抑，但是他从来不曾流过一滴泪，朋友都夸他是个硬汉！

后来，天天的叔叔感觉自己的头总是很疼，开了一些头疼药也无济于事，后来，朋友推荐他去求助一位心理医生。心理医生告诉他，他内心的悲痛压抑太久了，如果想哭，就哭出来。在医生的建议下，他将多久以来心中的苦楚全部以泪水的形式宣泄了出来，整个人也轻松了很多。

为此，天天的爸爸感叹说："有泪尽情流，疾病自然愈。"

109. 一日三笑，人生难老

一点通

这一谚语的意思是，每天笑一笑，疾病远你而去，人自然就健康，也说明了人的情绪和心态对人健康的影响。

活学活用

美美的外婆是一名退休教师，已经七十岁了，但看起来也就不到六十岁的样子，在老姐妹们问到她的养生秘诀时，她露出一个笑脸说："一日三笑，人生难老，开心点嘛，烦恼没了，人就年轻了。"

在外婆的影响下，美美也是积极乐观、非常爱笑的女孩子，很受人欢迎和喜欢。

第五章

歇后语

110.蛤蟆吃萤火虫——肚里明

一点通

这句话的意思是有些事嘴上没说，但心知肚明。

那么，萤火虫为什么会发光呢？这是因为萤火虫的发光是生物发光的一种。

萤火虫的发光原理是：萤火虫有专门的发光细胞，在发光细胞中有两类化学物质，一类被称作荧光素（在萤火虫中的称为萤火虫荧光素），另一类被称为荧光素酶。

荧光素能在荧光素酶的催化下消耗ATP，并与氧气发生反应，反应中产生激发态的氧化荧光素，当氧化荧光素从激发态回到基态时释放出光子。反应中释放的能量几乎全部以光的形式释放，只有极少部分以热的形式释放，反应效率为95%，萤火虫透过这样的作用来发出光芒。而这样发出来的光，由于大部分的能量都转为光能，只有少部分化为热能，所以称为冷光。也就因为发光质与光能的转换相当有效率，所以萤火虫可以发光相当长的一段时间。而萤火虫本身也可以控制是否发光，甲虫也因此而不会过热灼伤。人类到目前为止还没办法制造出如此高效的光源。

活学活用

小军的性格随他父亲——内向，不爱说话，相反，他的妈妈则像一只百灵鸟，很喜欢说话，性格外向，有什么就说什么。

所以，在谈到自己的儿子和丈夫时，她经常开玩笑说："他们爷儿俩很像，都是蛤蟆吃萤火虫——肚里明，就是嘴上不说就是了。"

111.蜻蜓飞进蜘蛛网 ——有翅难飞

一点通

这句话的意思是找不到任何方法摆脱困境。

那么，蜘蛛为什么会结网？那是因为蜘蛛的体内会制造一种黏性液体，液体通过蜘蛛足端的"吐丝器"分泌出来，一碰到空气就会变成一根根的细丝。蜘蛛的足非常灵巧，"吐丝器"在吐丝时，它的足就会像灵巧的手指一样，把细丝织成网。蜘蛛网是蜘蛛的家和储藏室，也是蜘蛛的独门武器。蜘蛛网带有黏性，要是飞虫撞到网上，就会被粘住，一旦发现有猎物被粘住，蜘蛛就会冲过去，用蛛丝把飞虫缠住，并迅速地向飞虫身上注入消化液，等到飞虫身体变软后，蜘蛛就会像喝肉汤一样享受自己的战利品。

活学活用

小林在看港剧刑警片时，看到有位警察局长在做案件分析时这样说："我们香港警察布下天罗地网，犯罪分子就是蜻蜓飞进蜘蛛网 ——有翅难飞。"

112.大吊车吊蚂蚁——轻而易举

一点通

蚂蚁的重量在吊车面前不值一提，所以大吊车吊蚂蚁就是轻而易举的事，这一歇后语形容事情简单，容易办到。

活学活用

晚上，天天回到家，看到老家的亲戚来了，应该是找爸爸办事，小林打了招呼后也坐下。他倒是没听他们商量什么事，但是过了会儿，小林听到爸爸说："放心吧，这事就是大吊车吊蚂蚁——轻而易举，你就回去等着听好消息吧。"这位亲戚连连表示感谢。

113.小葱拌豆腐——一清（青）二白

一点通

小葱的颜色是一半白一半青，而豆腐是白色的，因此说成一青二白，"青"采用谐音"清"，便组成了成语一清二白。多用来比喻十分清白或心里非常清楚。

"一清二白"出自茅盾的《劫后拾遗》四："你还不相信我吗？我在这里混了这半年，素来一清二白。"

周立波《暴风骤雨》第一部七："我姓韩的桥是桥，路是路，一清二白的，怕谁来歪我不成。"

活学活用

阳阳的妈妈是一名会计师,在一家大型民企担任财务部主管职务,同样,家里的经济账也由妈妈管。爸爸常常夸妈妈掌管的账目,从来都是"小葱拌豆腐——一清二白"。

114.莲花并蒂开 ——恰好一对

一点通

莲开并蒂是一个词语,又称并蒂莲、并头莲,用来比喻好事成双。

通常一枝荷梗只开一朵莲花,并蒂而开两朵莲花是相当罕见而珍贵的。故作为祝人好事成双或夫妻恩爱的吉祥语。

"青荷盖绿水,芙蓉披红鲜,下有并根藕,上有并头莲。"荷花婀娜多姿,她的美是天然的美,没有一丝一毫的人工装饰,李白用"清水出芙蓉,天然去雕饰"的诗句做了形容。

活学活用

小冉的小姨终于要结婚了,作为家中的大龄剩女,小冉的小姨被外公外婆数落了不知道多少年,好在,好婚不怕晚,在32岁生日那天,小姨出嫁了。

在婚礼上,外公热泪盈眶地对小姨和她的丈夫说:"祝福你们,莲花并蒂开——恰好一对,百年好合,相守一生!"说完,已经泣不成声。

115.万丈悬崖上的鲜花——没人睬（采）

一点通

虽然鲜花很好，可是要得到它付出的代价太大，甚至有生命危险，所以明智的人是不会去采的。这一歇后语比喻没有人理睬。

活学活用

一个月前，街区里新开了一家高档服装店。衣服特别贵，周边的人根本消费不起，因此，还不到一个月，就关门了。

这天，阳阳和妈妈路过这家店，阳阳问："咦？这家店怎么关门了？"

妈妈说："因为是万丈悬崖上的鲜花——没人睬（采）啊，这么贵，大家买不起，自然就关了。"

116.盛开的木棉花——红火

一点通

"木棉花"也称英雄树、红棉、攀枝花等，通常在三四月开花，花期十五天左右，到六一儿童节时成熟的果实会裂开。一般有个说法："4月11日是木棉花开的日子"，广州市的市花就是木棉花。这一谚语比喻那些正在流行的事物。

活学活用

最近,学校外面开了一家包子铺,一到早饭时间,买包子的学生就会排很长的队伍。

有一天早上,刘老师也来买包子,他看到这么多学生,对另外一个人说说:"这家包子铺的生意真是盛开的木棉花——红火的很啊!"

117. 玻璃上放花盆——明摆着

一点通

因为玻璃是透明的,所以这一歇后语比喻那些清清楚楚的事。

活学活用

盈盈爷爷的手头有些退休金,他打算拿这笔钱投资,因此,他在老朋友的推荐下,找到一个理财顾问,回家后,他跟盈盈的父母商量,非要投资这笔钱。

在经过一段时间的了解后,盈盈的爸爸发现,这是一个漏洞百出的项目,他怀疑这是诈骗。

回到家后,盈盈的爸爸说:"爸,这件事就是玻璃上放花盆——明摆着是一个专门诱骗退休工人的诈骗行为,您看……"听完儿子的话,爷爷很庆幸自己没有跟风投资,不然真被骗了。

118.财神爷敲门——天大的好事

一点通

财神爷在我国自古被誉为幸运之神,因此,财神爷敲门,自然是天大的好事。

活学活用

今天是美美家最开心的日子,因为在美国学习一年的爸爸终于回来了。

一大早,美美就起来了,然后收拾得很干净。妈妈还没梳洗好,就催着妈妈赶快出门去机场接机。

在小区里,隔壁王阿姨笑着问:"小张啊,什么事这么开心啊?"

妈妈打趣地说:"还真是财神爷敲门——天大的好事呢!"

"彩票中奖了啊?"王阿姨更好奇了。

"不是啦,孩子爸爸马上落地了,我去接机,他离开一年了。"妈妈说这话的时候,激动得落下了泪。

119.包子咧嘴——美出馅了

一点通

形容开心、心情很好的样子。

活学活用

努力了一个月，这次月考中，飞飞终于考了第一名。之前，他总是位居第三，为此，他告诉自己必须再努力一把，果然，功夫不负有心人，他的努力获得了回报。

下午放学到家，奶奶看着飞飞这么高兴，打趣地说："什么事这么开心啊，简直是包子咧嘴——美出馅了。"奶奶说完，也乐呵呵地笑了起来。

飞飞马上从书包中拿出成绩单，在奶奶面前得意地晃了晃。然后说："您看看这个就知道了！"

120.打掉牙往肚里吞——忍气吞声

一点通

比喻被人打落了牙，也只能把牙和血一起吞下去。

活学活用

有一天晚上，奶奶给甜甜讲起了曾经的苦日子，通过忆苦思甜，她希望甜甜能珍惜现在来之不易的生活，她对甜甜说："旧社会许多妇女都过着打掉牙往肚里吞——忍气吞声的日子。现在的女性社会地位明显提高了，她们可以出去工作，经济独立，喜欢谁就和谁在一起，以前不行……"

121.哑巴吃黄连——有苦说不出

一点通

黄连：中药，味苦。哑巴吃了黄连，嘴里说不出来，只能自己忍着。现实中，常指人有难言之隐，或者受了别人的气又不能对别人说，只能自己憋着。

成语出处：李六如《六十年的变迁》第一章："寡妇孤儿，恐怕受人欺侮，真是'哑巴吃黄连，有苦说不出'。"

《孽海花》第八回："兄弟向来留心西北地理，见那些交界地方，我们中国记载，影响都模糊得很，俄国素怀蚕食之心，不知暗中被占了多少去了！只苦我国不知地理，哑巴吃黄连，说不出的苦。"

活学活用

有天放学回家，妈妈看到小伟一脸的不高兴，便走过去问问怎么了。起初，小伟死活都不说，后来看到妈妈那么关心自己，小伟终于开口了："那个字明明是他写错了，却说是我错了，老师也说我的不是，我真是哑巴吃黄连，有苦说不出。"

122.死面蒸馒头——一个眼儿也没有

一点通

这句话指用死面蒸出来的馒头不虚，没有小气孔，比喻人一个主意都想不出。死面是指未发酵的面。

这句出自刘江的《太行风云》一九："听了这些，特别是马家怪，好像装了满肚火，到底怎么点，怎么放，又该怎么烧，可真是死面蒸馒头，一个眼儿也没有。一遇事，就想拼命，实在也不是个办法。"

活学活用

小芬的舅舅今年三十五岁了，但还是没结婚，甚至连对象都没有，为此，小芬的外婆和妈妈都很着急，四处张罗给他介绍对象，但是每次他跟别人接触不到一两次就没了音信。

小芬的爸爸也很奇怪，谈到这件事，妈妈就说："他那个人啊，真是死面蒸馒头——一个眼儿也没有，谈恋爱得用心思，他那样真不行。"

123. 外甥打灯笼——照舅（旧）

一点通

本义指外甥给舅舅照明。"舅"的谐声为"旧"，用时指还是老样子。出自郭泳戈等《刘公案》六九回："以往有了什么事情，和珅召集他们，都是走走过场。今天，那几位还是外甥打灯笼，照舅（旧），谁也不言语。"

活学活用

一年一度的元宵节又到了，今年社区里举办了些针对孩子的娱乐活动，其中就有猜灯谜。这种娱乐活动自然少不了活泼的小伟。

灯谜会上，小伟的爸爸拆开一个，上半句是："外甥打灯笼，打一歇后语。"

旁边的很多小朋友都凑过来，七嘴八舌地，也不知道答案，聪明的小伟赶紧说："我知道，我知道。是照旧。"

听到小伟的回答，大家突然明白过来。

124. 火烧芭蕉——心不死

一点通

本义指芭蕉的心是烧不死的。

第一种比喻某种愿望或念头始终不会放弃。出版吴源植的《紫翎箭》一："老陆，'四人帮'垮台了。我们这群'怪物'又该修仙得道了，难怪当年那些造反派称我们是'老顽固'，火烧芭蕉心不死，哈，哈，哈……"

第二种比喻不甘心自己的失败。出自李惠薪的《澜沧江畔》一〇："'火烧芭蕉心不死，狗急了要跳墙。'岩温罕姆扫了人们一眼，站起来总结说，'阶级敌人走投无路，什么事情也能干得出来。'"

活学活用

小宇所在的小区又有人家里被偷了，而且根据监控视频看，是同一个犯罪团伙。

晚饭的时候，爸爸告诉全家："最近，家里门窗都要关好，有陌生人敲门，要从猫眼先看清，别随便开门，因为这帮人简直是火烧芭蕉——心不死，等警察将他们抓起来，就消停了。"

125. 张飞穿针，大眼对小眼

一点通

这一歇后语出自《三国演义》。

有一次，张飞正要率军出发，却被夫人叫住，拿出一根绣花针，一根红纱线，非要张飞帮她把线穿上才能走。张飞听了哈哈大笑："穿针引线，虽是女人干的活，但也难不住我！"

说完，用粗大的手，一手接过针，一手接过线，眯起细眼，瞅准针眼，猛地往里戳。谁知线头不听使唤，戳来戳去，怎么也戳不到针眼里去。张飞涨红了脸，粗声粗气地说："我就不信有难得住我的事！"

张飞又穿起针来，可是任凭他双手有千斤力也使不上，急得他大眼瞪小眼，气急败坏地说："这小玩艺儿，倒是要难倒我了。"后来人们便用"张飞穿针——大眼瞪小眼"这句歇后语比喻不适合的人做不恰当的事，起不到应有的效果，也比喻无计可施，眼巴巴地看着没有办法。

活学活用

在婷婷家，家务都是妈妈干，爸爸在外忙工作，而最近，妈妈回老家去看外公外婆了，爸爸不得不担下照顾婷婷的任务，这天放学回家，爸爸也刚到家，婷婷嚷嚷肚子饿了，爸爸说马上就做饭，但是过了一个多小时，作业已经快做完的婷婷从房间出来，看见爸爸还在厨房杀鱼，而且整个厨房弄得都是鱼鳞、水，婷婷差点笑岔气，说："老爸，你这真是张飞穿针，大眼对小眼啊，还是妈妈在家好吧。"

看见女儿发现自己的糗样，爸爸也笑了。

126.十五个吊桶打水——七上八下

一点通

本义指用十五个吊桶去打水，七个桶上来八个桶下去。有时用来指心神不定，忐忑不安。

《儿女英雄传》四〇回："只急得他心里好像'十五个吊桶打水——七上八下'，一时越着急越没话，越没话越要哭。"

《二刻拍案惊奇》卷二四："自实心里好像十五个吊桶打水，七上八落的；身子好像鏊盘上蚂蚁，一霎也站脚不住。"

《醒世恒言》卷二五："遥望家门，却又不见一些孝事。那心儿里就是十五六个吊桶打水，七上八落的跳一个不止。"

《水浒全传》一回："洪太尉倒在树根底下，唬得三十六个牙齿捉对儿厮打，那心头一似十五个吊桶，七上八落的响。"

房群等《剑与盾》八回："蒋丛森表面上不动声色，心里却已经像十五只吊桶打水——七上八下。"

活学活用

这天，对于小宇全家来说是个特别的日子，因为他要和爸爸一起守在产房外，等待家里新成员的诞生。

他们等了一个多小时，里面还没有动静，小宇和爸爸一样，心里都是十五个吊桶打水——七上八下。

127.拳不离手，曲不离口——练出来的

一点通

拳不离手，曲不离口出自《刀尖》，释义是唱歌的人应该经常唱，练武的人应该经常练。比喻只有勤学苦练，才能使功夫熟练。

出自林雨《刀尖》："拳不离手，曲不离口，当战士的离不开刺刀手榴弹。"

活学活用

一次学习心得交流会上，三班的陈涵同学谈到自己学习英语时的经验说："学习英语，最重要的就是听、说、读、写四个环节，只有做到拳不离手，曲不离口，英语才能学好。"

128.要饭的借算盘——穷有穷打算

一点通

这句话指穷人过日子也有自己的盘算安排。

打算：双关，本指打算盘，转指盘算、安排。

出自李準的《两匹瘦马》："遂林笑着说：'买下算了。这叫要饭的借算盘——穷有穷打算。他们买高头大马，咱就买这些老古董。十七还能常十七，十八也不会常十八。只要有这股干劲，将来咱也买好马。'"

活学活用

美美家经济条件不好,但是她的爸爸妈妈,也包括美美都是善良勤劳的人,妈妈经常告诉美美:"即便没钱,也要记住,要饭的借算盘——穷有穷打算,要对未来有自己的规划。"在妈妈的教导下,美美每天的学习都充实而有趣。

129.雨后的太阳——够热晴(情)

一点通

比喻性格热情大方,如雨后太阳一般。

活学活用

甜甜的妈妈是个非常热情好客的人。

一次,甜甜邀请了几个同学来家里做客,妈妈特别热情,还给做了一大桌子好吃的,并且给每个人准备了自己手工做的小礼物,大家开心极了。

其中一个同学对甜甜说:"你妈妈简直就是雨后的太阳——够热晴(情),真是一次愉快的体验。"

130.铁打的公鸡——一毛不拔

一点通

意思是指某人很小气,像一个铁公鸡一样,一毛钱都不给。

出自战国·孟轲《孟子·尽心上》："杨子取为我，拔一毛而利天下，不为也。"

活学活用

一天，妈妈的闺蜜林阿姨来家里做客，因为林阿姨好久没来家里了，所以和妈妈有很多想说的话，期间谈到了家长里短，林阿姨谈到了自己的邻居："我家隔壁老王啊，人简直小气到飞起，就和铁打的公鸡一样，一毛不拔。"

131.茶壶里下元宵——只进不出

一点通

这个歇后语通常用来比喻非常吝啬，只许别人给他东西，他的东西从不外给。

活学活用

雯雯今年才八岁，但是她的父母已经开始教她学理财了，她从小就知道要学会储蓄，有积累才有收获。但是同时，爸爸妈妈也告诉她，积累财富固然重要，但不能为人吝啬，千万不能像茶壶里下元宵一样——只进不出。

132.大衣柜不安拉手——抠门儿

一点通

关于这一歇后语,有这样一个由来:

古时候有一个财主,爱财如命。去寺里烧香看见庙门上刷的金粉,他要抠了带走,所以就有了抠门这个词。

"抠门"的意思是说:吝啬到连个门把手都舍不得装,开门的时候不得不用手去抠门缝。抠门一词就诞生了,形容人十分吝啬。

"抠门"在现代生活中泛指他人舍不得付出。

活学活用

一天,菲菲爸爸的大学同学来家里吃饭,这位叔叔很喜欢喝酒,席间,几杯酒下肚,两人聊得特别开心。这位叔叔摇了摇就要见底的酒瓶说:"从大学到现在,每次和这家伙吃饭都像'大衣柜不安拉手'一样,我知道你有好酒没拿出来。"

爸爸则逗趣地反驳道:"别黑我啊,我不是这样的人。"

一旁的妈妈也笑起来,菲菲则很好奇地问:"叔叔,什么叫'大衣柜不安拉手'?"

这位叔叔回答:"就是抠门的意思啊。"说完,叔叔又哈哈大笑起来。

133. 踩着石头过河——脚踏实（石）地

一点通

意思是以前没有走过的路，需要摸索着前进，后引申其谐音意思脚踏实（石）地，比如做人做事要一步一个脚印，不可眼高手低。

活学活用

小勇的奶奶经常会向小勇讲一些做人做事的道理，一次，她告诉小勇："你爷爷以前就是一个木匠，学徒的时候饭都吃不上，但他还是坚持学习，后来他还学会了自己设计家具，才有了自己的工厂。所以，小勇，你也要向爷爷学习，要踩着石头过河——脚踏实（石）地。"

134. 隔山买牛——不知黑白

一点通

隔山买牛，比喻人办事冒失，没有弄清情况，就轻易决定。

活学活用

小刚的叔叔今年三十岁了，但还是不成熟，做事冒冒失失的，经常贻笑大方。

这天，爸爸让叔叔开车去接外地来的一个亲戚，结果叔叔跑错了车站，晚上，奶奶开玩笑说："他总是这样隔山买牛——不知黑白，出发之前应该先问一下嘛。"

135.老艄公撑船——看风使舵

一点通

老艄公撑船,就是看风向转发动舵柄。比喻看势头或看别人的眼色行事。

出处:宋·释普济《五灯会元 法云法秀禅师》:"看风使舵,正是随波逐流。"

活学活用

周末,下午看电视的时光到了,倩倩和妈妈窝在沙发上,看她们最喜欢的韩剧。

在剧中,有个公司的主管,是个典型的精明人士,对于这样角色,妈妈说:"这个人一看就是个八面玲珑、老艄公撑船——看风使舵的老滑头。"

第六章

成语接龙

136. 一毛不拔

成语接龙

一毛不拔——拔刀_1_助——助人_2_乐——乐不_3_支——支吾_4_词——词不达意——意气风发——发奋图强——强词_5_理——理_6_词穷

成语解释

一毛不拔：形容为人非常吝啬自私。

拔刀相助：指拔出刀来助战，形容见义勇为，打抱不平。

助人为乐：帮助别人就会很快乐。

乐不可支：形容欣喜到极点。

支吾其词：用含混的话搪塞应付，以掩盖真实情况。

词不达意：词句不能确切地表达出意思和感情。

意气风发：形容精神振奋，气概豪迈。

发奋图强：指下定决心，努力谋求强盛或进步。也指下定决心力求上进的情况。

强词夺理：无理强辩，没理硬说成有理。

理屈词穷：因理亏而无言以对。

成语故事

一毛不拔

墨翟，是战国时期的大思想家，史称墨子，是墨家学派的创始人。他主张兼爱，反对战争。同一时期，还有一位叫杨朱的哲学家，他反对墨子的兼爱，主张贵生、重己，重视个人生命的保存，反对他人对自己的侵夺，也反对自己对别人进行侵夺。有一次，墨子的学生禽滑厘问杨朱道："如果拔下你身上一根汗毛，能使天下人得到好处，你拔不拔？"杨朱回答："天下人的问题，决不是拔一根汗毛所能解决得了的！"禽滑厘又说："假使能的话，你愿意吗？"杨朱默不作声了。孟子就此对杨朱和墨子作了评论："杨朱主张的是'为我'，即使拔下他身上一根汗毛，能使天下人得利，他也是不干的；而墨子主张'兼爱'，提倡爱世上所有的人，即使自己磨光了头顶，走破了脚板，只要对天下人有利，他也是心甘情愿的。"

成语集合

一声不吭、一笔勾销、一意孤行、一本正经、一反常态、一劳永逸

接龙答案

1相 2为 3可 4其 5夺 6屈

137. 班门弄斧

成语接龙

班门弄斧——斧 1 折缺——缺一不可——可 2 之机——机不 3 失——失时 4 势——势在必行——行若无事——事与 5 违——违利 6 名

成语解释

班门弄斧：比喻在行家面前卖弄本领，常用于自谦。

斧破斨缺：指武器破损残缺。

缺一不可：少一样也不可以。

可乘之机：表示可以利用的时机。

机不可失：指时机难得，必须抓紧，不可错过。

失时落势：指时运不济。

势在必行：不能躲开或回避，从事情发展的趋势看，必须采取行动。

行若无事：指在紧急关头态度镇静如常。有时也指对坏人坏事听之任之，满不在乎。

事与愿违：事情的发展与愿望相反，指事情没能按照预想的方向发展。

违利赴名：舍去利欲而求取名声。

成语故事

班门弄斧

鲁班是战国时代的鲁国人。他是一个善于制作精巧器具的能手，人们叫他"巧人"，民间历来把他奉为木匠的始祖。谁敢在鲁班门前卖弄使用斧子的技术，也就是说，想在大行家面前显示自己的本领，这种不太谦虚的可笑行为，就叫"鲁班门前弄大斧"，简称"班门弄斧"。这和俗语所说的"关公面前耍大刀"的意思差不多。

其实，"班门弄斧"这句成语早在唐朝就有它的雏形了。文学家柳宗元在一篇序文中就有这样一句："操斧于班郢之门，斯颜耳！"意思是说，在鲁班和郢人（也是一个操斧能手）的门前表现用斧子的本事，脸皮也太厚了。这句成语有时也用作自谦之词，表示自己不敢在行家面前卖弄自己的小本领。

成语集合

班班可考、班功行赏、班荆道故、班门弄斧、班驳陆离、班荆道旧

接龙答案

1破 2乘 3可 4落 5愿 6赴

138.胸有成竹

成语接龙

胸有成竹——竹篮 1 水——水 2 石烂——烂醉 3 泥——泥古 4 化——化为乌有——有条 5 理——理所 6 然——然荻读书——书香世家

成语解释

胸有成竹：原指画竹子时要在心里有一幅竹子的形象。后比喻做事之前

已经有了主意。

竹篮打水：比喻白费力气，没有效果，劳而无功。侧重于用的方法不合适。

水枯石烂：极言历时长久。同"海枯石烂"。

烂醉如泥：意思是醉得瘫成一团，扶都扶不住。形容大醉的样子。

泥古不化：比喻拘泥于古代的成规或说法，不知根据具体情况，加以变通。

化为乌有：形容东西完全失去，一点没有留下。

有条有理：有条理，有次序，形容层次脉络清楚。

理所当然：道理当然是这样的，意为情理之中发生的，合乎情理的，不容怀疑。

然荻读书：燃荻为灯，发奋读书。形容勤学苦读。

书香世家：世代都有读书人的家庭或家族。

成语故事

胸有成竹

北宋时期，有一位著名的画家，名叫文同，他最擅长的就是画竹子，而且画得惟妙惟肖。

为了把竹子画得栩栩如生，文同一年四季，不管是刮风还是下雨，他总是在竹子林里观察。哪怕就像三伏天，烈日炎炎，地面温度高得吓人，他也一样跑进竹林里，非常认真地观察着竹子的细节特点。他一会儿用手指头量一量竹子的节把有多长，一会儿又记一记竹叶子有多密。汗水湿透了他的衣衫，满脸都流着汗，可他就跟没事儿似的。

有一次，天空刮起了一阵狂风。接着，电闪雷鸣，眼看着一场暴雨就要来临，人们都纷纷往家跑。可就在这时候，坐在家里的文同，急急忙忙抓过一顶草帽，往头上一扣，直往山上的竹林子里奔去。他刚走出大门，大雨就跟用脸盆泼水似地下开了。

文同一心要看风雨当中的竹子，哪里还顾得上雨急路滑！他撩起衣服，爬上山坡，奔向竹林。他上气不接下气地跑进竹林，顾不得抹流到脸上的雨水，就两眼一眨不眨地观察起竹子来了。只见竹子在风雨的吹打下，弯腰点头，摇来晃去。文同细心地把竹子受风吹雨打的姿势记在心头。

由于文同长年累月地对竹子作了细微地观察和研究，竹子在春夏秋冬四季的形状有什么变化；在阴晴雨雪天，竹子的颜色、姿势又有什么两样；在强烈的阳光照耀下和在明净的月光映照下，竹子又有什么不同；不同的竹子，又有哪些不同的样子，他都摸得一清二楚。所以画起竹子来，根本用不着画草图。

有个名叫晁补之的人，称赞文同说："文同画竹，早已胸有成竹了。"

成语集合

胸无城府、胸无大志、胸怀大志、胸有鳞甲、胸中无数、胸有悬镜

接龙答案

1打 2枯 3如 4不 5有 6当

139. 三顾茅庐

成语接龙

三顾茅庐——庐 1 真面——面 2 耳赤——赤胆忠心——心 3 神往——往返 4 劳——劳而无功——功 5 身退——退有后言——言 6 其实

成语解释

三顾茅庐：比喻真心诚意，一再邀请、拜访有专长的贤人。

庐山真面：比喻事物的真相或本来面目。

面红耳赤：形容因激动或羞愧而脸色发红的表情。

赤胆忠心：形容极其忠诚。

心驰神往：形容思想集中在追求和向往的事情或地方上，一心向往。

往返徒劳：白花力气、来回白跑。

劳而无功：花费了力气，却没有收到成效。

功成身退：大功告成之后自行隐退，不再做官或复出。

退有后言：当面顺从答应，背后进行非议。

言过其实：话说得过分，超过了实际情况。

成语故事

三顾茅庐

东汉末年，刘备攻打曹操失败，投奔荆州刘表。为了日后成就大业，他留心访求人才，请荆州名士司马徽推荐。司马徽说："此地有'卧龙''凤雏'，二人得一，可安天下。"刘备多方打听，得知"卧龙"就是诸葛亮，此人隐居在襄阳城西二十里的隆中，耕作自养，精研史书，是个杰出人才，便专程到隆中去拜访。

刘备前后一共去了三次，前两次诸葛亮避而不见，第三次才亲自出迎，就在茅庐中和刘备共同探讨时局，分析形势，设计如何夺取政权统一天下的方略。刘备大为叹服，愿以诸葛亮为师，请他出山相助，重兴汉室。诸葛亮深为刘备"三顾茅庐"的诚意所打动，答应了刘备的请求，离开隆中一展自己的政治抱负。此后，诸葛亮成为刘备的主要谋士，帮忙刘备东联孙吴，北伐曹魏，占据荆、益两州，北向中原，建立蜀汉政权，构成与东吴、曹魏三国鼎立的局面。

刘备去世后，诸葛亮秉承刘备遗志，继续出兵伐魏。他在向后主刘禅上的一道奏表中写道："先帝不以臣卑鄙，猥自枉屈，三顾臣于草庐之中，咨臣以当世之事，由是感激，遂许先帝以驱驰。"流露出对刘备给予的知遇之恩念念不忘的感激之情。

成语"三顾茅庐"由此而来，比喻访贤求才，真心诚意地邀请别人。

成语集合

三班六房、三般两样、三榜定案、三病四痛、三步两脚、三茶六饭

接龙答案

1山 2红 3驰 4徒 5成 6过

140. 食言而肥

成语接龙

食言而肥——肥冬_1_年——年_2_不登——登堂入室——室如_3_磬——磬竹_4_书——书不尽意——意气自若——若_5_重负——负隅_6_抗

成语解释

食言而肥：违背诺言，只图对自己有利。

肥冬瘦年：南宋吴地风俗多重冬至而略岁节。

年谷不登：年成很差，荒年。

登堂入室：比喻学问由浅入深、循序渐进、达到更高的水平。也比喻学艺深得师传。

室如悬磬：形容穷得什么也没有。

罄竹难书：比喻事实（多指罪恶）很多，难以说完。

书不尽意：文辞难充分达意。

意气自若：神情自然如常。比喻遇事神态自然，十分镇静。

若释重负：形容紧张心情过去以后的的轻松愉快。

负隅顽抗：比喻依仗某种条件顽固抵抗。

成语故事

食言而肥

春秋时代，鲁国有个大臣叫孟武伯，他最大的毛病是说话不算数。有一天鲁哀公举行宴会招待群臣，孟武伯参加了。在宴席上，孟武伯不喜欢另一位大臣郑重，便故意问他："郑先生怎样越来越胖了？"哀公听见了，说："一个人常常吃掉自己的诺言，当然会胖起来呀！"

晋朝有个人叫殷羡。以前做过豫章郡的太守，当他卸任离开豫章回京城时，很多人托他带信，他都答应了。当他走到长江边时，便把这些信全部扔到水里，说："都请到水里去吧！要沉要浮随你们自由，我殷羡不当太守了，可也不能给人家当信使啊！"

"食言而肥"指不守信用。

成语集合

食辨劳薪、食不重味、食不甘味、食不果腹、食不下咽、食而不化

接龙答案

1瘦 2谷 3悬 4难 5释 6顽

141.一鸣惊人

成语接龙

一鸣惊人——人_1_世故——故步自封——封胡_2_末——末_3_穷途——途_4_日暮——暮_5_晨钟——钟灵_6_秀——秀色可餐——餐风露宿

成语解释

一鸣惊人：比喻平时没有突出的表现，一下子做出惊人的成绩。

人情世故：指为人处世的方法、道理和经验。

故步自封：比喻安于现状，不求进步。

封胡遏末：比喻优秀子弟。

末路穷途：比喻处境极端困难的意思。

途穷日暮：指陷于绝境。

暮鼓晨钟：指佛教规矩，寺里晚上打鼓，早晨敲钟。比喻可以使人警觉醒悟的话。

钟灵毓秀：凝聚了天地间的灵气，孕育着优秀的人物。指山川秀美，人才辈出。

秀色可餐：形容秀美异常。现在有两种意思，一种是指妇女姿色美丽诱人，另一种是形容自然景色优美秀丽。

餐风露宿：形容旅途或野外工作的辛苦。

成语故事

一鸣惊人

战国时期，齐威王继承王位已有三年了，但是他整天饮酒作乐，不理朝政。

大臣淳（chún）于髡想了个激励齐威王的办法。他说："大王，臣听说齐国有一只大鸟，三年来不飞也不叫……"他故意停顿一下，试探地问："大王明白这是一只什么鸟吗？"齐威王明白淳于髡在暗喻自己，不由得大笑起来。笑过一阵后，他才说："此鸟不飞则已，一飞冲天；不鸣则已，一鸣惊人！"

从那以后，齐威王就到各地去视察。看到称职的大夫，就给予奖励；发现一个破坏生产的大夫，就扔进油锅处死。之后，他又严格整顿军队，打败了入侵的魏国军队。齐威王"一鸣惊人"，使各国君主都感到震惊。

成语"一鸣惊人"比喻平时默默无闻，突然干出一番惊人的事业来。

完成集合

一张一弛、一哄而散、一脉相承、一应俱全、一无所求、一举一动、

接龙答案

1情 2遏 3路 4穷 5鼓 6毓

142.大器晚成

成语接龙

大器晚成——成人之美——美中不足——足_1_多谋——谋_2_如雨——雨_3_云期——期_4_之寿——寿终正寝——寝_5_难安——安_6_无恙

成语解释

大器晚成：越是大才能的人通常越晚成功。也用作对长期不得志的人的安慰话。

成人之美：成全别人的好事，也指帮助别人实现其美好的愿望。

美中不足：事情已经很美好，但还有需要修改和补足的地方。

足智多谋：富有智慧，善于谋划。形容人善于料事和用计。

谋臣如雨：形容智谋之士极多。

雨约云期：指男女约会。

期颐之寿：高寿的意思。

寿终正寝：指老死在家里。现比喻事物的灭亡。

寝食难安：形容放心不下眼前的事，焦急到了极点，都到了睡也睡不着，吃也吃不好的地步。

安然无恙：指事物未遭损坏或人身并无损伤。

成语故事

大器晚成

东汉末年，有个叫崔琰（yǎn）的人。他从小喜欢舞枪弄棍，不好读书。

到了二十多岁才开始求师爱学。由于他很有灵气，再加上学习刻苦，所以之后成为一个文武双全的人，受到曹操的器重。

崔琰有个堂弟叫崔林。年轻时性情沉默，不好讲话，人看起来也不是很聪明，所以很多人看不起他，甚至贬他才智不足，认为他没有出息。崔琰却不这么看，他常常对人说："才能大的人需要长时间才能显露头脚，崔林年纪大些的时候，必须会成大器的。"果然，崔林之后做了很大的官。

成语"大器晚成"，指能担当大事的人物要经过长期的锻炼，所以成就比较晚。

成语集合

大吃大喝、大显身手、大名鼎鼎、大雪纷飞、大模大样、大喜过望

接龙答案

1智 2臣 3约 4颐 5食 6然

143. 才高八斗

成语接龙

才高八斗——斗米尺布——布衣之交——交头 1 耳——耳 2 目染——染 3 习俗——俗下文字——字 4 行间——间不 5 发——发 6 光大

成语解释

才高八斗：形容人文才高超。

斗米尺布：少量的粮食与布匹。

布衣之交：平民间的友谊。

交头接耳：形容两个人凑近低声交谈。

耳濡目染：形容听得多了，见得多了，自然而然受到影响。

染风习俗：指受风俗影响而有所习染。

俗下文字：指为应付世事而写的平庸的应酬文章。

字里行间：指文章的某种思想感情没有直接说出，通过全篇或全段文字透露出来。

间不容发：形容事物之间距离极小，也形容与灾难相距极近，情势极其危急。

发扬光大：将好的作风、传统等得到发展。

成语故事

才高八斗

南朝谢灵运，是一位写了很多山水诗的文学家。他聪明好学，读过许多书，从小受到祖父谢玄的厚爱。他出身于东晋大士族，因他袭封康乐公的爵位，世人称他"谢康乐"。他身为公侯，却并无实权，被派往永嘉任太守。谢灵运自叹怀才不遇，常常丢下公务不管，却去游山玩水。之后，他辞官移居会稽（jī），常常与友人酗（xù）酒作乐。当地太守派人劝他节制一些，却被他怒斥了一顿。但是，谢灵运写的山水诗，却深受人们的喜爱。他每写出一首新诗，立刻就会被人争相抄录，很快流传开去。

宋文帝接位后，将他召回京城做官，把他的诗作和书法赞为"两宝"。谢灵运更加骄傲了，他说："天下才有一石，曹子建独占八斗，我得一斗，天下共分一斗。"

成语"才高八斗"由此而来,形容人的文才极高。

成语集合

才华横溢、才疏学浅、才貌双全、才子佳人、才华超众、才气过人

接龙答案

1接 2濡 3风 4里 5容 6扬

144. 五子登科

成语接龙

五子登科——科头_1_足——足音_2_然——燃_3_自照——照_4_映雪——雪_5_梅骨——骨瘦如柴——柴_6_骨立——立时三刻——刻画入微

成语解释

五子登科:用作结婚的祝福词或吉祥语。

科头跣足:形容生活困苦,也指散漫、无拘无束。

足音跫然:比喻难得的来客。

燃糠自照:比喻勤奋好学。

照萤映雪:利用萤火虫的光和白雪的映照读书,形容刻苦地读书精神。

雪胎梅骨:比喻高洁。

骨瘦如柴:瘦得像柴一样。形容消瘦到极点。

柴毁骨立:形容因父母离去而过度哀痛,身体受到摧残,消瘦憔悴的

样子。

立时三刻：立刻、马上。

刻画入微：精心细致地描摹，连极小之处也不大意。形容认真细致，一丝不苟。

成语故事

五子登科

窦燕山，原名窦禹钧，因他居住在燕山（北京），故称窦燕山。

窦燕山出身于富庶的商人家庭，家道昌盛。但他最初为人心术不正，专用大斗进，小称卖，费尽心机坑蒙拐骗，以势压人，贫民百姓痛恨他的为富不仁。窦燕山昧良心、灭天理的行为激怒了上天，他三十岁了还膝下无子。

在一个夜晚，他做梦。梦到他去世的父亲对他说："你心术不好，品行不端，恶名已经被天帝知道。以后你命中无子，并且短寿。你要赶快悔过从善，大积阴德，广行方便于劳苦大众，才能挽回天意、改过呈祥。"窦燕山醒来，梦中的事情历历在目，于是决定重新做人。济贫寒，克己礼人，随之积了大阴德。

此后一个晚上，他又梦见自己的父亲。老人告诉他："你现在阴功浩大，美名远扬，天帝已经知道了。以后你会有五个儿子，个个能金榜题名，你自己也能活到八九十岁。"当他醒来，发现也是一个梦。但从此更加修身养性，广做善事，毫不怠慢。

后来，窦燕山果然有五个儿子。由于自己重礼仪、德行好，且教子有方、家庭和睦，窦家终于发达了。他的长子名仪，在后晋时中进士，入宋官至礼部尚书、翰林学士，是宋初一代名臣，他去世后太祖赵匡胤曾悲伤地感叹："天何夺我窦仪之速耶！"次子名俨，也是后晋进士，历仕汉、周，宋初任礼部侍郎。三子名侃，为后汉进士，曾任宋起居郎。四子名，窦偁为后汉进士，入宋任左谏议大夫。窦僖是后周进士，曾任宋左补阙。当时人们美称他们为"窦氏五龙"。当五个儿子均金榜题名时，侍郎冯道赠他一首诗："窦燕山十郎，教子以义方。灵椿一株老，丹桂五枝芳。"窦禹钧还有八个孙子，也都很贵显。最后，窦禹钧做到谏议大夫的官职，享寿八十二岁，临终前谈笑风生，向亲友告别，沐浴更衣，无病而卒。

《三字经》中以"窦燕山，有义方，教五子，名俱扬"的句子，歌颂此事，并形成了"五子登科"的成语，寄托了一般人家期望子弟都能像窦家五子那样，联袂获取功名、拥有大富大贵锦绣前程的理想。

成语集合

五花八门、五谷丰登、五彩缤纷、五光十色、五湖四海、五脏六腑

接龙答案

1跌　2蹬　3糠　4萤　5胎　6毁

145.愚公移山

成语接龙

愚公移山——山止川行——行_1_里手——手_2_异处——处_3_居显——显而易见——见_4_起意——意气用事——事在_5_墙——墙_6_众人推

成语解释

愚公移山：比喻做事有毅力，有恒心，不怕困难。

山止川行：释义为坚不可摧，行不可阻。

行家里手：一般是指内行人，或者精通某一种业务的人。

手足异处：手和脚不在一处。指被杀。

处尊居显：指有声望有地位。形容职位高，权势大的人。

显而易见：事情或道理很明显，极容易看清。

见财起意：见人钱财，动起歹念。

意气用事：指缺乏理智，只凭一时的想法和情绪办事。

事在萧墙：祸乱出自内部。

墙倒众人推：比喻人一旦失势或受挫，就会有许多人乘机打击他，使他彻底垮台。

成语故事

愚公移山

传说古时候有两座大山，一座叫太行山，一座叫王屋山。那里的北山住着一位老人名叫愚公，快九十岁了。他每次出门，都因被这两座大山阻隔，要绕很大的圈子，才能到南方去。

有一天，愚公把全家人召集起来，说："我准备与你们一起，用毕生的精力来搬掉太行山和王屋山，修一条通向南方的大道。你们说好吗！"大家都表示赞成，但愚公的老伴提出了一个问题："我们大家的力量加起来，还不能搬移一座小山，又怎能把太行、王屋两座大山搬掉呢？再说，把那些挖出来的泥土和石块放到哪里去呢？"讨论下来大家认为，可以把挖出来的泥土和石块扔到东方的海边和北方最远的地方。

第二天一早，愚公带着儿孙们开始挖山。虽然一家人每天挖不了多少，但他们还是坚持挖。直到换季节的时候，才回家一次。有个名叫智叟的老人得知这件事后，特地来劝愚公说："你这样做太不聪明了，凭你这有限的精力,又怎能把这两座山挖平呢?"愚公回答说:"即使我死了,还有我的儿子在这里。儿子死了,还有孙子,孙子又生孩子,孩子又生儿子。子子孙孙是没有穷尽的,而山却不会再增高,为什么挖不平呢?"当时山神见愚公他们挖山不止,便向上帝报告了这件事。上帝被愚公的精神感动,派了两个大力神下凡,把两座山背走。

从此,这里不再有高山阻隔了。

成语集合

愚不可及、愚者千虑、必有一得、愚夫愚妇、愚夫俗子、愚者一得、愚弄其民

接龙答案

1家 2足 3尊 4财 5萧 6倒

146.程门立雪

成语接龙

程门立雪——雪上加霜——霜气_1_秋——秋月_2_江——江_3_如画——画_4_为牢——牢不可破——破口大骂——骂不_5_口——口_6_而实不至

成语解释

程门立雪:旧指学生恭敬受教,现指尊敬师长。比喻求学心切和对有学

问长者的尊敬。

雪上加霜：在雪上还加上了一层霜，在一定天气条件下可以发生，常用来比喻接连遭受灾难，损害愈加严重。

霜气横秋：志气凛然，像秋霜一样严峻。

秋月寒江：比喻有德之人心底清纯明净。

江山如画：形容自然风光美丽如图画。

画地为牢：在地上画一个圈当做监狱。比喻只许在指定的范围内活动，或做指定范围内的事，不得逾越。指指定他在某一区域活动，就是不能超过这个活动范围。

牢不可破：谓坚固、紧密不能摧毁或拆开。也形容人的意志坚定或态度固执，不能动摇。

破口大骂：指用恶语大声地骂。

骂不绝口：大肆谩骂，不绝于口。

口惠而实不至：只在口头上答应给别人好处，而实际的利益却到不了别人身上。

成语故事

程门立雪

程颢、程颐兄弟俩都是宋代极有学问的人。进士杨时，为了丰富自己的学问，毅然放弃了高官厚禄，跑到河南颍昌拜程颢为师，虚心求教。后来程颢死，他自己也有40多岁，但仍然立志求学，刻苦钻研，又跑到洛阳去拜程颢的弟弟程颐为师。于是，他便和他的朋友游酢一块儿到程家去拜见程颐，但是正遇上程老先生闭目养神，坐着假睡。这时候，外面开始下雪。这两人求师心切，便恭恭敬敬侍立一旁，不言不动，如此等了大半天，程颐才慢慢睁开眼睛，见杨时、游酢站在面前，吃了一惊，说道："啊，啊！他们两位还在这儿没走?"这时候,门外的雪已经积了一尺多厚了,而杨时和游酢并没有一丝疲倦和不耐烦的神情。

成语集合

程朱理学、程序动作

接龙答案

1横 2寒 3山 4地 5绝 6惠

147.乐不思蜀

成语接龙

乐不思蜀——蜀犬 1 日——日久年深——深文曲折——折 2 为誓——誓 3 不屈——屈节 4 命——命若 5 丝——丝竹管弦——弦无 6 发

成语解释

乐不思蜀:原义指蜀后主刘禅甘心为虏不思复国。后比喻在新环境中得到乐趣,不再想回到原来环境中去。

蜀犬吠日:四川盆地空气潮湿,天空多云。四周群山环绕,中间平原的水汽不易散开,那里的狗不常见太阳,看到太阳后就觉得奇怪,就要叫。比喻少见多怪。

日久年深:日久年深,指日子长,时间久。

深文曲折:歪曲地援引法律条文,不露痕迹地陷人于罪。

折箭为誓：折断箭以表示自己的决心和誓约。

誓死不屈：宁死而不屈服，形容很有气节。

屈节辱命：丧失了节气，辱没了使命，指向敌人屈服投降。

命若悬丝：比喻生命垂危。

丝竹管弦：琴瑟箫笛等乐器的总称。也指音乐。

弦无虚发：指射箭百发百中。

成语故事

乐不思蜀

三国时期，蜀国的刘备在驾崩之后，把皇帝的位置传给他的儿子刘禅，并请丞相诸葛亮来辅佐刘禅治理国家。刘禅有个小名叫做阿斗，阿斗当了皇帝后，每一天只会吃喝玩乐，根本不管国事，还好有诸葛亮帮他撑着，蜀国才能强盛。但是，当诸葛亮去世之后，魏国立刻派兵来攻打蜀国，蜀国不但打不过魏国，阿斗还自愿投降，带着一些旧大臣到魏国去当安乐公，继续过着吃喝玩乐的日子，完全忘记自己的国家已经灭亡了。

有一天，魏国的大将军司马昭请阿斗吃饭，故意叫人来表演蜀国的杂耍，想羞辱这些蜀国来的人。旧大臣们看到这些蜀国的杂耍，都十分难过，但阿斗却高兴地拍着手说："好耶！好耶！真是好看耶。"一点也没有悲哀的样貌。之后，司马昭故意讽刺阿斗说："在那里过得开心吗？想不想蜀国呀？"没想到，阿斗居然开心地说："此间乐，不思蜀。"意思是说：不会呀！在那里有得吃有得玩，我呀！一点也不会想念蜀国呢！司马昭听了以后，在心里窃笑："真是一个扶不起的阿斗呀！难怪会让自己的国家亡掉！"

之后，大家就用"乐不思蜀"来形容一个人在外面过得很开心，不想回家了。

成语集合

乐业安居、乐天安命、乐在其中、乐而忘返、乐此不倦、乐道安贫

接龙答案

1吠 2箭 3死 4辱 5悬 6虚

148.南柯一梦

成语接龙

南柯一梦——梦撒 1 丁——丁一卯二——二罪 2 罚——罚一 3 百——百年不遇——遇人不淑——淑 4 英才——才 5 识浅——浅 6 低唱

成语解释

南柯一梦：形容一场大梦或比喻一场空欢喜。

梦撒寮丁：比喻没钱应酬。

丁一卯二：丁卯合位，一丝不差。形容确实、牢靠。

二罪俱罚：前后两桩罪过，一并处罚。

罚一劝百：处罚一个人以惩戒众人。

百年不遇：一百年也碰不到，形容很少见到或很少出现。

遇人不淑：女子嫁了一个品质不好的丈夫。

淑质英才：善良的品质，非凡的才能。

才蔽识浅：才能蔽塞见识浅陋。

浅斟低唱：斟着茶酒，低声歌唱。形容悠然自得、遣兴消闲的样子。

成语故事

南柯一梦

隋末唐初的时候，有个叫淳（chún）于尊的人，家住在广陵。他家的院中有一棵根深叶茂的大槐树，是一个乘凉的好地方。

淳于尊过生日的那天，亲友都来祝寿，他一时高兴，多喝了几杯。夜晚，亲友散尽，他一个人带着几分酒意坐在槐树下歇凉，不觉沉沉睡去。

梦中，他到了大槐安国，正赶上京城会试。他报名入场，三场结束，高中了第一名。之后殿试，皇帝看淳于尊生得一表人才，举止大方，亲笔点为头名状元，并把公主许配给他为妻。

婚后，夫妻生活十分美满。淳于尊被皇帝派往南柯郡任太守，一呆就是二十年。淳于尊在太守任内经常巡行各县，使属下各县的县令不敢胡作非为，很受当地百姓的称赞。

有一年，敌兵入侵，大槐安国的将军率军迎敌，几次都被敌兵打得溃不成军。败讯传到京城，皇帝震惊，急忙召集文武群臣商议对策。大臣们听说前线军事屡屡失利，一个个吓得面如土色，都束手无策。宰相立刻向皇帝推荐淳于尊，皇帝立即下令，让淳于尊统率全国精锐与敌军决战。

淳于尊接到圣旨，不敢耽搁，立即统兵出征。可怜他对兵法一无所知，与敌兵刚一接触，立刻一败涂地，淳于尊差点被俘。皇帝震怒，把淳于尊撤掉职务，遣送回家。淳于尊气得大叫一声，从梦中惊醒，但见月上枝头，繁星闪烁。此时他才明白，所谓南柯郡，只是槐树最南边的一枝树干而已。

之后，人们用"南柯一梦"泛指一场梦，或比喻一场空欢喜。

成语集合

南船北马、南山之寿、南面王乐、南航北骑、南枝北枝、南山可移

接龙答案

1寮 2俱 3劝 4质 5蔽 6斟

149.晨钟暮鼓

成语接龙

晨钟暮鼓——鼓_1_咋舌——舌尖口快——快刀_2_乱麻——麻_3_大意——意_4_用事——事在_5_行——行行出状元——元经_6_旨

成语解释

晨钟暮鼓：意思指寺庙中早晚报时的钟鼓声，可以用来形容寺院僧人的生活。比喻可以使人警觉醒悟的话，也形容时光的流逝。

鼓唇咋舌：形容耍弄嘴皮进行挑拨煽动。

舌尖口快：形容口舌伶俐，说话爽快。也指说话尖刻，不肯让人。

快刀斩乱麻：比喻办事果断，抓住关键，迅速地解决复杂的问题。

麻痹大意：比喻失去警觉。指粗心、疏忽，对事物不敏感，失去警惕性。

意气用事：指缺乏理智，只凭一时的想法和情绪办事。

事在必行：是事情已经非做不可了。

行行出状元：每种职业都可以有杰出人才，用以勉励人精通业务，巩固

专业思想。

元经密旨：微妙的道理。

成语故事

晨钟暮鼓

古人划一昼夜为十二时辰，分别以地支（子丑寅卯）序之，每个时辰相当于今日的两个小时。以圭表或铜壶测得时辰，便击鼓报时，以便让民众知晓。但鼓声传的范围有限，齐武帝（483年~493年）时，为使宫中都能听见报时声，便在景阳楼内悬一口大铜钟，改为只在晚上击鼓报时，首开先河。为了使钟声传播更远，除了铜钟越铸越大之外，还建较高的钟楼，与鼓楼相对，朝来撞钟，夜来击鼓。

很多人以为寺庙是早上敲钟晚上敲鼓。其实不然，不论早晚，寺庙都既要敲钟又要击鼓。不同的是，早晨是先敲钟后击鼓，晚上是先击鼓后敲钟。

成语集合

晨秦暮楚、晨参暮省、晨光夜寐、晨光熹微、晨炊星饭、晨错定省

接龙答案

1唇 2斩 3瘠 4气 5必 6密

150.后生可畏

成语接龙

后生可畏——畏 1 如虎——虎口 2 牙——牙白口清——清夜 3 心——心 4 意马——马空 5 北——北 6 星拱——拱手让人——人喊马嘶

成语解释

后生可畏：青年人有更多的发展可能，令人期待。

畏敌如虎：害怕敌人如同怕虎一般。

虎口拔牙：从老虎嘴里拔牙。比喻做十分危险的事情。

牙白口清：比喻说话清楚。

清夜扪心：指深夜不眠，进行反省。

心猿意马：形容心思不定，好像猴子跳、马奔跑一样难以控制。

马空冀北：伯乐一经过冀北的原野，马群就空了。

北辰星拱：旧时比喻治理国家施行德政，天下便会归附。后也比喻受众人拥戴的人。

拱手让人：恭顺地让给别人。形容怯弱可欺或甘心为奴仆、附庸。

人喊马嘶：形容纷乱扰攘或热闹欢腾的情景。

成语故事

后生可畏

孔子周游列国时，曾见过一个小孩，举止言行很不一般。这孩子用泥土堆了一座城堡，坐在里面，挡住了孔子的路。孔子问他为什么挡住他的车,不让他过去?小孩说:"只听说过车子绕城走,没听说城堡还要避车子的!"孔子十分惊讶,没想到孩子这么小却这么会说话。小孩说:"听说鱼生下来三天就会游泳;兔子生下来三天就会跑了,有什么大惊小怪的呢?"孔子一听十分感叹地说:"真是后生可畏啊!"成语"后生可畏",此刻指青年人是新生的力量,很容易超过他们的长辈。

成语集合

后拥前驱、后福无量、后会无期、后顾之忧、后悔莫及

接龙答案

1敌 2拔 3扪 4猿 5冀 6辰

151. 道听途说

成语接龙

道听途说——说东道西——西窗_1_烛——烛_2_数计——计_3_安出——出入人罪——罪有_4_归——归十归一——_5_十寒——寒风_6_肌

成语解释

道听途说:泛指没有根据的传闻。

说东道西:说东家,讲西家。形容没有中心地随意说。

西窗剪烛:原指思念远方妻子,盼望相聚夜语;后泛指亲友聚谈。

烛照数计:用烛照着,按数计算。比喻料事准确。

计将安出：如何制定计谋呢？

出入人罪：指法庭裁判错误，把有罪的人认为无罪，把无罪的人认为有罪。

罪有攸归：罪责有所归属。指罪犯必受惩治。

归十归一：指有条有理。

一暴十寒：即使是最容易生长的植物，晒一天，冻十天，也不可能生长。用于比喻学习或工作一时勤奋，一时又懒散，没有恒心。

寒风侵肌：形容天气寒冷。

成语故事

道听途说

春秋时代，齐国有个人叫毛空，他爱听那些没有根据的传说，然后再把自己听到的津津有味地讲给别人。有一次，毛空听到一只鸭和一块肉的事，他觉得十分稀奇，便告诉给艾子。他说："有一个人，养了一只能生蛋的鸭，那鸭一天能生一百多个蛋。"他见艾子笑了，又说："那天，从天空掉下一块肉，那块肉长有三十丈，宽有十丈。"艾子笑着问道："真的吗？有那样长的肉吗？"毛空急忙说："噢，那就是长二十丈。"艾子仍不相信。他又改口："必须是十丈长了。"艾子说："你说的那只鸭是谁家养的？你说的那块肉掉在了什么地方？"毛空支支吾吾说不出来，最后只好说："我是在路上听别人说的。"

成语"道听途说"就是从这个故事而来的。这一成语比喻在路上听到没有根据的言论或传闻，再去传给别人。

成语集合

道不相谋、道学先生、道路传闻、道听耳食、道路以目、道大莫容

接龙答案

1剪 2照 3将 4攸 5暴 6侵

152.三令五申

成语接龙

三令五申——申 _1_ 无良——良 _2_ 不齐——齐驱并驾——驾 _3_ 接武——武 _4_ 文修——修短随化——化险为夷——夷 _5_ 自若——若有 _6_ 丧

成语解释

三令五申：指多次命令和告诫，多指上级对下级，领导对群众。

申祸无良：重遭祸事，是因为自己没有道德而造成的。

良莠不齐：指好人坏人都有，混杂在一起。侧重于品质，不能用于形容水平、成绩等。

齐驱并驾：比喻彼此的力量或才能不分高下。

驾肩接武：肩挨肩，脚碰脚。形容人多。

武偃文修：文治已实行，武备已停止。形容天下太平。

修短随化：旧指自然界的主宰者，迷信说法指运气、命运。人的寿命长短，随造化而定。

化险为夷：化险阻为平易。

夷然自若：指神态镇定，与平常一样。

若有所丧：形容神情怅惘、心神不宁的样子。

成语故事

三令五申

春秋时侯，有一位著名军事家名叫孙武，他携带自己写的"孙子兵法"去见吴王阖（hé）闾（lú）。吴王看过之后说："你的十三篇兵法，我都看过了，是不是拿我的军队试试？"孙武说能够。吴王再问："用妇女来试验能够吗？"孙武说也能够。于是吴王召集一百八十名宫中美女，请孙武训练。

孙武将她们分为两队，用吴王宠爱的两个宫姬为队长，并叫她们每个人都拿着长戟（jǐ）。队伍站好后，孙武命搬出铁钺（yuè）（古时杀人用的刑具），三番五次向她们申诫。说完便击鼓发出向右转的号令。怎知众女兵不但没有依令行动，反而哈哈大笑。

孙武见状，又将刚才一番话详尽地再向她们解释一次，再而击鼓发出向左转的号令，众女兵仍然只是大笑。孙武便说："解释不明，交代不清，是将官的过错。既然交代清楚而不听令，就是队长和士兵的过错了。"说完命左右随从把两个队长推出斩首。吴王见孙武要斩他的爱姬，急忙派人向孙武讲情，但是孙武说："我既受命为将军，将在军中，君命有所不受！"遂命左右将两女队长斩了，再命两位排头的为队长。自此以后，众女兵无论是向前向后，向左向右，甚至跪下起立等复杂的动作都认真操练，再不敢儿戏了。

"三令五申"，即反复多次向人告诫的意思。

成语集合

三三两两、三天两头、三足鼎立、三头六臂、三跪九叩、三从四德

接龙答案

1祸 2荞 3肩 4偃 5然 6所

153. 防微杜渐

成语接龙

防微杜渐——渐不可长——长_1_不拜——拜_2_封侯——侯门似海——海怀_3_想——想_4_风采——采_5_之疾——疾雨暴风——风_6_电掣

成语解释

防微杜渐：在错误或坏事刚露出苗头时就及时制止，不让它发展。

渐不可长：指刚露头的不好事物不能容许其发展滋长。

长揖不拜：对长者或尊者只弯腰行拱手礼，不跪拜磕头。旧时指相见时态度不恭，为人高傲。

拜将封侯：指古代形容功成名就，官至极品。

侯门似海：王公贵族的门庭像大海那样深邃。旧时豪门贵族、官府的门禁森严，一般人不能轻易进入。也比喻旧时相识的人，后因地位悬殊而疏远。

海怀霞想：本托意仙游。后指远游隐居之思。

想望风采：非常仰慕其人，渴望一见。

采薪之疾：病了不能打柴。自称有病的婉辞。

疾雨暴风：指来势急遽而猛烈的风雨。

风驰电掣：形容非常迅速，像风吹闪电一样。

成语故事

防微杜渐

汉和帝即位后，窦太后专权，窦宪兄弟把持了国家的军政大权，朝政混乱不堪。窦氏家族仗势横行乡里，鱼肉百姓，人们敢怒不敢言。

有一年发生日食。司马丁鸿上书汉和帝说："太阳是君王的象征，月亮是代表臣子的。日食现象象征君王的权力被臣子侵夺，陛下千万要留意。在历史上，日蚀出现过三十六次，国君被臣子杀死的有三十二人，都是因为臣子的权力太大了！""日蚀的出现，是上天在警告我们，我们就应引起重视啊。穿透岩石的水，开始时都是涓涓细流，参天的大树，也是由刚发芽的小树长成的。人们常常忽略了微小的事情，而造成祸患。如果陛下能亲自处理朝政，从小地方着手，在祸患刚露头的时候制止它，这样国家就能够长治久安了。"

"防微杜渐"在不良事物刚露头时就加以防止，杜绝其发展。

成语集合

防患于未然、防民之口，甚于防川、防芽遏萌、防心摄行、防微虑远、防意如城

接龙答案

1揖 2将 3霞 4望 5薪 6驰

154.河清海晏

成语接龙

河清海晏——晏安_1_毒——毒蛇猛兽——兽_2_鸟散——散兵_3_勇——勇_4_三军——军令如山——山长水阔——阔_5_高谈——谈_6_自如

成语解释

河清海晏：指黄河的水清了，大海也平静了。比喻天下太平。

晏安酖毒：指贪图安逸享乐等于饮毒酒自杀。

毒蛇猛兽：泛指对人类生命有威胁的动物，也比喻贪暴者。

兽聚鸟散：像鸟兽一样时聚时散。比喻聚散无常，也比喻乌合之众。

散兵游勇：没有组织的集体队伍里独自行动的人。

勇冠三军：指勇敢或勇猛是全军第一。

军令如山：指军事命令像山一样不可动摇。旧时形容军队中上级发布的命令，下级必须执行，不得违抗。

山长水阔：比喻道路遥远艰险。

阔论高谈：指漫无边际地大发议论（多含贬义）。

谈笑自如：是和平常一样有说有笑，形容态度自然。

成语故事

河清海晏

天竺国下郡的白米四钱一石，麻油八厘一斤，但是三位王子借孙悟空三人的兵器去打造时却被人偷了。八戒说："定是这伙铁匠偷的！快拿出来！略迟了些儿，就都打死！"铁匠们说："我们连日辛苦，夜间睡着，到了天明起来，就不见了。而且我们是凡人，怎样拿得动？期望爷爷饶命！"国王说："这城里军民匠作，也很懂得法度，必须不敢欺心，期望神师再思。"行者道："不用再思，也不须赖铁匠。我只问殿下：你这城池四面，可有什么山林妖怪？"王子道："城外北，有一座豹头山，山中有一虎口洞。有人说洞内有仙，有人说有妖。我们不知到底是什么。"……孙悟空三人经过苦战，收降了九头狮子精，夺回了兵器。

国王大开素宴答谢唐僧一行，又将狮子肉分与百姓瞻仰。王子说："感谢神僧施展法力，扫荡了妖邪，除了后患，此刻海晏河清，天下太平了！"

"河清海晏"指黄河水清了，大海平静了，比喻天下太平。

成语集合

河奔海聚、河伯为患、河汾门下、河出伏流、河涸海干

接龙答案

1酰 2聚 3游 4冠 5论 6笑

参考文献

[1]童心.每天一个思维游戏 [M].北京：化学工业出版社，2014.

[2]桑楚.每天玩一个思维游戏[M].北京：中国华侨出版社，2015.

[3]周自然.每天一个思维游戏100招[M].北京：新世界出版社，2010.

[4]独孤飞.不急不催 每天一个侦探思维游戏[M].北京：新世界出版社，2011.